줄리엣과 줄리엣

줄리엣과 줄리엣
Copyright ⓒ 2022 한송희

줄리엣과 줄리엣

희곡집 에세이

한송희

더퀘스트

차례

희곡 ... 7

1장 ... 15

2장 ... 34

3장 ... 51

4장 ... 63

5장 ... 82

6장 ... 92

7장 ... 110

8장 ... 127

9장 ... 137

에세이 ... 145

우리는 줄리엣과 줄리엣을 할 거야 ... 145

지울 수 없는 이야기 ... 150

떨리는 몸으로 ... 156

셰익스피어 선생님, 이야기 좀 빌려 쓸게요 ... 173

걸음마처럼 ... 187

여기에 스님이 나와요? ... 201

울게 하소서 ... 208

콜타임 ... 220

여주인공, 여자, 주인공. ... 229

오히려 좋아 ... 248

줄리엣과 줄리엣과 줄리엣 ... 262

현재를 정확하게 살아가기 위하여 ... 275

글 배우는 배우 ... 296

당신이 사랑하는 대사 ... 312

순백과 무지개 ... 345

죽음은 비극일까? ... 366

사랑하게 될 운명 ... 383

줄리엣과 줄리엣

작 | 한송희
연출 | 이기쁨
제작 | 창작집단 LAS

공연 연표

초연
2018.03.21 ~ 04.01
산울림 소극장(산울림 고전극장 선정작)

재연
2018.07.04 ~ 07.15
산울림 소극장(산울림 고전극장 선정작)

삼연
2019.06.14 ~ 07.07
콘텐츠 그라운드

사연
2021.10.21 ~ 11.21
브릭스씨어터

등장인물

줄리엣 몬테규 (이하 줄리엣M)
17세, 몬테규家(가)의 딸. 사랑에 빠지면 모든 것을 다 바치는 로맨티스트.

줄리엣 캐플렛 (이하 줄리엣C)
16세, 엄마와 오빠의 사랑을 듬뿍 받고 자란 캐플렛家(가)의 딸. 현재의 삶에서 정체 모를 갑갑함을 느끼고 있다.

로미오 몬테규
15세, 줄리엣M의 똘똘한 남동생이자 다정한 지원군.

네릿서
18세, 줄리엣C의 언니 같은 하녀. 무심한 듯 보이지만 줄리엣C가 원하는 것은 귀신같이 알아낸다.

캐플렛
45세, 줄리엣C의 어머니. 딸을 끔찍하게 사랑한다.

티볼트
27세, 줄리엣C의 오빠. 동생을 끔찍하게 사랑한다.

승려
베로나에 잠시 머물고 있는 승려. 성별을 알 수 없다. 두 줄리엣의 의문의 조력자가 된다.

1장

16세기의 이탈리아 베로나. 아직 원수가 아닌 두 가문 몬테규家(가)와 캐플렛家(가)가 있다. 두 집안에는 이름이 같은 딸이 있다. 그 이름은 줄리엣.

무대의 양쪽, 몬테규와 캐플렛 집의 두 명의 줄리엣이 보인다. 줄리엣M, 우울한 모습으로 웅크리고 있다. 줄리엣C, 답답한 듯 방안을 거닐고 있다. 다른 공간에서 동시에 한숨을 쉬는 줄리엣. 다른 공간에 있지만 상대방의 한숨을 의식한 듯 서로를 바라보는 두 줄리엣. 서로에게 다가간다. 마치 거울을 보듯 서로를 바라본다.

줄리엣M   (동시에) 지워지지 않아.
줄리엣C   (동시에) 지워지지 않아.
줄리엣M   이 우울함이.
줄리엣C   이 갑갑함이.

두 사람의 몸짓은 거울에 비친 것처럼 대칭을 이룬다.

로미오   (밖에서, 동시에) 줄리엣!

티볼트   (밖에서, 동시에) 줄리엣!

돌아보는 줄리엣 M과 줄리엣 C.

로미오   (밖에서, 동시에) 줄리엣!
캐플렛   (밖에서, 동시에) 줄리엣!
줄리엣M   (동시에) 무슨 일이야?
줄리엣C   (동시에) 무슨 일이야?

줄리엣C 퇴장. 로미오 등장.

로미오   사랑하는 우리 누나, 잘 잤어?
줄리엣M   (심드렁하게) 아직도 아침이야?
로미오   이제 겨우 아홉 시밖에 안 됐는데?
줄리엣M   마음이 슬프니까 시간도 느리게 가네.
로미오   (장난스럽게 근엄한 척) 아니, 어떤 슬픔이 누나의 시간을 느리게 가게 만들었어?
줄리엣M   가지기만 하면 시간을 빨리 가게 하는 걸 못 가져서 그래.
로미오   (다 안다는 듯) 사랑에 빠지셨구만.

줄리엣M   빠진 게 아니라 빠져나왔지.

로미오   사랑에서?

줄리엣M   아니. 사랑받고 싶은 사람의 관심 밖으로 완전히 빠져나왔어.

로미오   (아는 체) 그냥 보기엔 세상에서 가장 달콤한 사랑이란 게 알고 보면 세상에서 제일 잔인하지.

줄리엣M   맞아. 잔인해! 아무리 눈을 가려도 그놈의 사랑은 길을 잘도 찾아가거든. 이제 사랑이라면 진절머리가 나! …근데 그래도 너무 좋아.

로미오   으이그…

줄리엣M   아무것도 없는 데서 갑자기 생겨. 별것도 아닌데 진지하고 진지한데 아무것도 아냐. 겉보기에는 그럴싸해 보이지만 사실은 그냥 정신 못 차리는 것 뿐이거든. 이건, 무슨, 투명한 연기 같아. 아니면 차가운 불꽃. 건강한데 병들었어, 자고 있는데 눈을 뜨고 있어, 그건데 그게 아닌 그런 거. 이렇게 사랑하는데, 왜 나는 이런 사랑을 한 번도 받지 못하는 거지? (로미오를 바라보며) 로미오, 나 웃기지?

로미오 아니. 하나도 안 웃겨. 오히려 울고 싶어.

줄리엣M 니가 왜 울고 싶어?

로미오 우리 착한 누나가 너무 힘들어하니까.

줄리엣M 안 그래도 힘든데 너까지 나 때문에 울고 싶다고 하면 나 더 힘들어져. 이제 그만 가봐.

로미오 같이 있어, 누나.

줄리엣M 나 여기 없어. 니가 알던 니 누나는 어디 딴데 가고 없어.

로미오 자꾸 그런 소리 하지 말고 그냥 말해봐. 누굴 좋아하는 거야?

줄리엣M 그런 소리 하지 말라니, 그럼 울어버릴까?

로미오 (답답해하며) 아니, 울지 말고!

줄리엣M 으으으으, 울지 말라니까 더 울고 싶어.

로미오 누군지 말을 해보라니까? 도대체 어떤 여자야?

줄리엣M 하아. 로미오, 그 여자는 진짜 너무 예뻐. 정말 사랑할 수밖에 없어.

로미오 사랑할 수밖에 없으면 그냥 사랑해!

줄리엣M   그 여자가 날 안 사랑하니까 그렇지! 내가 어떤 말을 해도 듣지도 않고, 내가 아무리 눈빛을 보내도 흔들리지도 않고, 내가 황금을 갖다 바쳐도 넘어올 것 같지 않아.

로미오   (곰곰이 생각하는) 음… 그 여자는 여자를 좋아하지 않아?

줄리엣M   그렇대. 아, 근데 그건 너무 낭비야. 그렇게 아름다운데 왜 남자만 사랑한다는 거야? 아니면 그렇게 아름답지 말든가, 여자랑도 사랑을 하든가아아.

로미오   누나, 누나! 그 여자 그냥 잊어버려.

줄리엣M   그런 말 할 거면 잊어버리는 방법부터 알려 줘. 어떻게? 어? 어떻게 잊는데? 어떻게?

로미오   누나 눈한테 자유를 줘. 일단 다른 예쁜 여자들을 봐!

줄리엣M   (한숨 쉬며) 다른 여자들 봐도 소용없어. 세상에 어떤 예쁜 여자를 봐도 아무 소용이 없다고. 그건 그냥 로잘린이 얼마나 더 아름다운지 생각만 나게 할 뿐이야.

로미오   아님 다른 멋진 남자들이라도 봐.

줄리엣M   (찌릿) 말했지. 나는 그 항목에는 해당사항이 없는 사람이라고.

로미오   그럼 어떡해? 누나가 사랑하는 여자들은 하나같이 여자를 사랑하지 않는다잖아.

줄리엣M   그렇다고 내가 남자를 만날 수 있는 건 아니라고!

로미오   누나가 그렇게 사랑을 받고 싶으면, 사랑해 줄 수 있는 사람을 사랑해야지.

줄리엣M   계산이 명확한 동생님. 사랑이란 그렇게 간단한 문제가 아니에요. 마음은 그렇게 계획을 해서 움직이는 게 아니거든요. (한숨) 너 때문에 더 우울해질라 그래. 빨리 가.

로미오   누나! 일단 이 우울함에서 벗어나야 해. 우울함이라는 건 한번 빠지면 계속 거기서 허우적거릴 수밖에 없댔어.

줄리엣M   싫어. 난 로잘린과 함께 이 우울함 속을 헤엄칠 거야.

로미오   아, 누나.

줄리엣M   싫다니까.

로미오   아, 쫌!

줄리엣M을 끌고 나가는 로미오. 로미오의 손에 끌려 나가는 줄리엣M.

반대편에서 줄리엣C가 들어온다. 줄리엣C를 감싼 캐플렛과 티볼트, 네릿서가 들어온다.

줄리엣C 무슨 일이에요? 무슨 일인데 이렇게 다들 나를 찾아?

캐플렛 (줄리엣C를 한 번 꼭 껴안으며) 우리 사랑하는 딸, 어, 음, 어, 무슨 일이냐면, (뒤를 흘깃 보고) 네릿서, 잠깐 나가 있어. 우리끼리 할 이야기가 있으니까.

네릿서 네.

네릿서, 나가려 한다.

캐플렛 아냐, 그냥 있어. 생각해보니 네릿서가 우리 이야기를 알아야.

네릿서, 돌아온다.

캐플렛   (티볼트에게) 아니, 없는 게 낫나?
티볼트   음, 글쎄요. 그게, 또 이게 줄리엣이랑 얘기
         를 먼저 해보는-
네릿서   (끊으며) 그럼.

네릿서, 나가려 한다.

티볼트   그래도, 뭐,
캐플렛   그래, 네릿서도 들어야 할 것 같으니까,
네릿서   (약간 화가 난 듯) 나가요오, 말아요?
캐플렛   있어. 있어. 너도 알아야 될 이야기니까.

네릿서, 자리에 앉는다.

캐플렛   네릿서, 니가 봐도 우리 줄리엣이 이제 어
         엿한 숙녀가 됐지?
네릿서   아가씨 나이라면 제가 시간까지도 맞출 수
         있죠.
티볼트   우리 줄리엣이 이제 열여섯이잖아?
네릿서   열여섯이 안 되셨죠. 추수제 전날이 생일이

니까 아직은,

캐플렛   (말 끊으며) 2주 하고 며칠밖에 안 남았지, 뭐.

네릿서   (무뚝뚝하고 딱 부러지게) 2주하고 며칠이 안 남았어도 아무튼 열여섯은 안 되신 거죠. 추수제가 지나야 열여섯이신 거죠.

티볼트   그래. 네릿서는 참 계산이 정확해.

캐플렛   그래, 그래서 이제 우리 줄리엣이 열여섯이니까,

네릿서   아직은,

캐플렛   그래! 이제 곧, 열여섯이 되니까. 결혼이라는 걸 생각해볼 때가 됐지?

티볼트   줄리엣, 너는 결혼- 이라는 거에 대해서 어떻게 생각하니?

줄리엣C   아주 큰 영광이지.

캐플렛   (다시 한 번 딸을 안으며) 그렇지! 영광! 아주 큰 영광이지!

줄리엣C   난 꿈에도 생각해본 적이 없지만.

캐플렛   (당황하며) 생각… 해본 적이 없어?

티볼트   (동생을 한 번 끌어안고) 그럼 지금부터 한

	번 생각해봐. 지금 베로나에는 너보다 어리지만 벌써 어머니가 된 아가씨들도 많아.
캐플렛	그래, 엄마는 니 나이 때 벌써 아이를 낳았어.
티볼트	그래, 너희 새언니도 니 나이 때 아이를 낳았잖아.
캐플렛	그러니까 줄리엣. 내가 할 얘기는 뭐냐면, 그 유명한 패리스 백작이 너에게 청혼을 했단다.
티볼트	(호들갑스럽게 좋아하며 줄리엣의 어깨를 흔든다.) 청혼을 했대!
네릿서	패리스 백작이라면…
티볼트	(네릿서의 말을 끊으며) 그 친구는 신사야. 베로나의 꽃이지.
네릿서	(마뜩잖은 표정을 짓는다.)
캐플렛	줄리엣, 니 생각은 어때? 백작을 사랑할 수 있겠어? 오늘 저녁 무도회에서 백작을 만날 수 있을 거야.
줄리엣C	어, 저…
티볼트	한여름의 베로나에도 그런 꽃은 없지.

줄리엣C 그래?

티볼트 그럼. 찬란한 여름이 가까워 오고 있다는 걸 알리는 화창한 4월의 날씨도 백작보다 더 상쾌하지는 못할걸? 패리스의 얼굴을 잘 봐둬. 그 친구의 얼굴은 아름다운 펜으로 그린 명화 같다니까.

줄리엣C (네릿서에게) 오빠가 반한 것 같은데?

네릿서 풋.

티볼트 그 아름다운 얼굴의 이면을 알고 싶으면 백작의 눈을 살펴봐. 니가 그 친구의 눈을 들여다보게 되지? 그 순간, 아직 제본되지 않았던 사랑의 책이 완성될 거야.

캐플렛 (끄덕이며) 큰 영광을 받는 책은 황금빛 표지 안에 황금의 내용을 갖춘 것이지. 니가 백작의 아내가 되면 그분을 향한 칭송이 모두 니 것이 될 거야.

티볼트 니가 손해 볼 건 아무것도 없다니까.

캐플렛 손해를 보긴! 이득이지. 여자는 남자를 통해서 세상을 얻으니까.

네릿서 (눈알을 굴린다.)

줄리엣C   저는,

캐플렛   (바짝 다가가며) 어떨 것 같니, 줄리엣?

티볼트   그 친구를 사랑할 수 있을 것 같아?

줄리엣C   그분을 잘 보고 사랑할 수 있는 점이 있다면 그럴 수도 있겠죠.

캐플렛   그렇지!

줄리엣C   하지만 엄마랑 오빠가 원하는 것까지 볼 수 있을지는 잘 모르겠어요.

캐플렛   응?

하인   (밖에서) 마님.

캐플렛   (밖을 향해) 그래. (줄리엣을 보고) 반드시 니 마음에 들 거야, 줄리엣.

티볼트   우리가 널 위해 선택한 최고의 남자니까!

캐플렛   (신난) 가장 아름답게 준비하고 있어, 사랑하는 따님.

티볼트   오늘 밤 분명히 니가 가장 아름다울 거야, 사랑하는 내 동생.

티볼트와 캐플렛 퇴장. 네릿서, 줄리엣의 옷을 입히고 치장을 돕는다.

줄리엣C   (한숨 쉬며) 청혼? 아직 사랑의 달콤함도 씁쓸함도 비릿함도 알지 못하는 내가 결혼을 한다고?

네릿서   두 분이 저렇게 수선을 떠는 것을 보니까, 아가씨는 열여섯이 되시기 전에 무덤으로 떠나시겠네요.

줄리엣C   무덤?

네릿서   결혼 말이에요. 인생의 무덤.

줄리엣C   너 정말 그렇게 생각해? 다들 결혼은 인생이 주는 가장 은혜로운 선물이라고 하던데?

네릿서   에덴동산에서 평생 행복하게 살 수 있었던 이브를 눈멀게 한 것도 달콤함으로 포장된 선악과였죠.

줄리엣C   사람들 말이 거짓이라는 거야?

네릿서   (어깨를 으쓱한다.)

줄리엣C   너는 결혼도 안 해봤는데 어떻게 그렇게 확신해?

네릿서   찍어 먹어봐야 똥인 줄 아나요? 이게 다, 결혼이라는 걸 한 언니, 엄마, 할머니, 증조할머니 얘기를 들어서 아는 거라구요. 제 인생에서 결혼이라는 말을 완전히 지워버린 것도 다 그런 이유 때문이구요. 뭐, 하지만 아가씨와 전 신분이 다르니까 제가 다 알 수는 없죠. 그저 누군가에겐 축복일지 모르지만 누군가에겐 '감옥'이라는 거예요.

줄리엣C   그럼 나도 별로 다를 것도 없겠다. 난 지금도 유리창살로 만들어진 감옥 안에 있으니까.

네릿서   그게 무슨 말씀이세요? 마님과 도련님이 얼마나 아가씨를 아끼시는데요.

줄리엣C   아끼시지. 지나치게. 가끔은 내가 사람이 아니라 엄마가 아끼는 화분이나 오빠가 어렵게 구한 모자 같아. 언제나 아름다워야 하고, 보암직해야 하는. (한숨) 그런데 네릿서, 진열장 속 인형은 이제 지친 것 같아.

네릿서   그럴지도 모르죠. (삐죽대며) 사람은 먹을 게 없어도 병이 나고 많아도 병이 나니까.

줄리엣C   내가 분에 넘쳐서 불평을 한다는 거야?

네릿서   아니에요, 아가씨. 그냥 잠깐 제 처지하고 아가씨 처지를 비교한 것뿐이에요.

줄리엣C 내 처지가 정말 너보다 나을까? 너는 결혼을 하지 않기로 선택했지만 나는 선택할 수조차 없잖아. 원하는 사람을 선택할 수도 싫어하는 사람을 거절할 수도 없고, 본 적도 없는 남자를 사랑해야 하고 결혼해야 하잖아.

네릿서 아가씨가 원한다면 뭐든지 선택할 수 있을 거예요.

줄리엣C 정말 그럴까? 내가 보이지도 않는 이 창살을 부숴버릴 수 있을까?

네릿서 (씩씩하게) 제가 같이 부숴버릴 수 있을진 모르지만 언제든 함께 쥐고 흔들어줄 순 있어요. 남들 눈엔 보이지 않겠지만 저는 그 차가운 창살을 느낄 수 있거든요.

줄리엣C (네릿서를 안으며) 고마워, 네릿서. 너는 나의 자매야.

네릿서 저도 그렇게 생각해요. (포옹을 풀며) 우리 사이에도 아주 투명한 계단이 있지만.

줄리엣C 네릿서.

네릿서 (줄리엣의 옷매무새를 고쳐주며) 얼른 준

비해요, 아가씨.

줄리엣C (붙잡으며) 하지만, 네릿서. 난 한 번도 사랑을 느껴본 적이 없는데 어떡하지?

네릿서 그건 저도 맛본 적이 없는 음식이라 보텔 말이 없네요.

줄리엣C 운명의 짝을 만나면 심장이 입안에 있는 것처럼 뛰고, 손은 물에 젖은 것처럼 땀이 난대.

네릿서 글쎄요, 제 심장은 언제나 같은 속도로 뛰고 두 손도 바짝 말라 있어서.

줄리엣C 구름 위를 걷는 것처럼 몸이 붕 뜨고 입꼬리는 누가 잡아끄는 것처럼 올라간다던데?

네릿서 (으쓱)

줄리엣C 사랑하지도 않는 사람과 결혼을 해야 하다니. 아무리 넓은 정원이라도 마음 줄 수 없는 꽃들만 가득하다면 그건 또 다른 모양의 감옥 아닐까? 아니, 감옥이 아니라 지옥일지도 몰라.

네릿서 (훈계하듯) 사랑을 느끼지 못한다고 꼭 불행한 것은 아니에요. (다정하게) 그치만 아가씨가 이렇게 사랑을 갈망한다면 알맞은 사람이 나타났을 때 꼭 알아볼 수 있을 거예요.

줄리엣C 그럴까.

네릿서 (놀리듯) 모르죠. 저는 알지도 못하는 얘기를 자꾸 물어보니까 그냥 사람들이 많이 하는 말로 대답해본 거에요. 아가씨, 이러다 늦어요.

줄리엣C 지옥일지도 모르는 곳으로 날 보내려고?

네릿서 (떠밀며) 아가씨를 내려 보내지 않으면 제가 갈 곳이 지옥이에요. 아가씨 얼른!

줄리엣C와 네릿서, 퇴장한다.

2장

저녁, 무도회가 열리는 캐플렛의 집 안. 캐플렛과 티볼트, 등장한다.

캐플렛   준비는 잘 되어가고 있나?
티볼트   (둘러보는) 그런 것 같은데요?
캐플렛   음… 좋아, 좋아. 하아, 이게 얼마만의 무도회야. 내가 마지막으로 가면을 썼던 게 언제였더라?
티볼트   제가 올리비아를 만났을 때가 마지막이었으니 딱 10년 만이네요.
캐플렛   벌써 그렇게나 됐어? 하긴 내 품을 놀이터 삼아 놀던 줄리엣이 이제 이 큰 연회의 주인공이 되었으니… 시간이란 정말 붙잡을 수 없이 빨리 지나가 버려.
티볼트   정말 그래요. 제 팔뚝만 한 줄리엣을 안아 올린 게 엊그제 같은데 말이에요.
캐플렛   그런데 (이마의 땀을 닦으며) 여기 너무 덥지 않니?
티볼트   난로를 꺼두라고 제가 일러두었는데요.
캐플렛   그래? 그런데 왜 이렇게 땀이 나지? (가슴을 쓸어내리며) 숨쉬기도 답답하고.

티볼트 괜찮으세요, 어머니?

캐플렛 사실 어젯밤에 한숨도 못 잤거든. 패리스 백작이 훌륭한 청년인 건 알고 있지만 우리 줄리엣을 보낸다고 생각하니 잠들 수가 있어야지.

티볼트 저도 그랬어요. 하지만 줄리엣도 이제 어른이 될 준비를 해야죠.

캐플렛 그래, 그래. 니 말이 맞아. (가슴에 손 얹으며) 이제 가슴까지 뛰네?

티볼트 (웃으며) 베로나에서 어머니처럼 딸을 아끼는 사람은 없을 거예요. 다 잘될 겁니다. 마음 편히 가지세요, 어머니.

캐플렛 그래야겠지? (주위를 둘러보다) 거기 누구 없니?

네릿서 (밖에서) 네!

네릿서, 등장.

캐플렛 음식 준비는 잘 되고 있니?

네릿서   네, 마님.

캐플렛   마실 것들도 충분하고?

네릿서   그럼요.

캐플렛   그래, 그래. 하… 패리스 백작은 언제쯤 오려나…

티볼트   제가 나가볼게요.

티볼트 퇴장.

캐플렛   거기서 뭘 하고 있어. 하던 일 마저 하지 않고?

네릿서   (돌아서며) 네, 마님.

캐플렛   잠깐!

네릿서   (다시 돌아보며) 네!

캐플렛   다 잘될 거야. 그렇지, 네릿서?

네릿서   (미소 지으려 노력하며) 그럼요. 걱정 마세요, 마님.

네릿서, 퇴장. 캐플렛, 초조함을 가라앉히려 가슴을 쓸어내린다.

그때, 한 승려가 약병 꾸러미를 들고 들어온다.

승려   안녕하십니까?
캐플렛   (흘깃 보고) 누구신지…?
승려   여기가 오늘 밤 무도회가 열리는 캐플렛 댁이죠?
캐플렛   그렇습니다만.
승려   이 댁 주인 되시나요?
캐플렛   (떨떠름) 그러는 그쪽은?

승려, 진지한 얼굴을 하고 캐플렛의 집안을 엄중히 둘러본다. 캐플렛, 얼떨떨하여 승려의 뒤를 좇다가,

캐플렛   이보세요. 지금 뭐 하는 거죠?
승려   (갑자기 방향 바꿔 캐플렛을 돌아보며) 잠은 편안히 주무십니까?
캐플렛   (화들짝 놀라 물러나며) 뭐요?
승려   (다시 바짝 붙으며) 머릿속이 복잡하고 마음이 근심으로 가득 차 있으시네요.
캐플렛   (홀린 듯) 네, 그렇지 않아도 제가 요새, (다

	시 물러나며) 세상에 걱정 없는 사람도 있나?
승려	아무 일도 없는데도 불안하고, 가슴이 울렁울렁 하시구요?
캐플렛	맞아요.
승려	(뒤로 물러나 천천히 집을 한 번 둘러보며) 어디 보자- 귀댁에 혼사가 있을 텐데…
캐플렛	(솔깃) 아니, 그런 걸 다 어떻게 아시오? 패리스 백작이 보낸 사람이오?
승려	(집을 돌아다니며) 음… 불길한 징조가…
캐플렛	(겁이 덜컥) 왜요? 무슨 징조가 있습니까?
승려	혼사의 모습을 한 장례가 있고 장례의 모습을 한 혼사가 있을 테니…
캐플렛	장례라니, 그게 무슨 말이에요?
승려	(홱 돌아보며) 마음의 문을 여셔야 합니다.
캐플렛	네?
승려	(가슴을 쓸며) 문을 여셔야 합니다.
캐플렛	…? 문을 열다니, 어떻게…?
승려	기대를 내려놓아야 사람을 살립니다.
캐플렛	그게 무슨…?

승려, 꾸러미에서 약병을 꺼내 건넨다.

캐플렛 이게 뭐요?
승려 마음의 문을 열어줄 약입니다. 번뇌를 사라지게 하고 평안을 가져다줄 겁니다.
캐플렛 (솔깃) 이게요…?
승려 (진중하게 끄덕이며) 50더컷입니다.
캐플렛 …?
승려 원래는 70더컷은 받아야 하는데, 오늘은 무도회가 열리는 기쁜 날이니 제가,
캐플렛 이거 약장수 아냐?
승려 (정색하고 고개를 흔든다.) 아뇨, 아뇨, 저는 수행잡니다.
캐플렛 이런 인간이 어떻게 여기 들어왔어?
승려 (평안하게) 제 두발로 걸어 들어왔지요.
캐플렛 (뚫어져라 보다 불쑥) 이건 여자야, 남자야?
승려 아, 저는 말하자면 남자일 수도 또 여자일 수도…
캐플렛 (손을 휘저으며) 또 무슨 말도 안 되는 소

	릴 늘어놓으려고! 별 근본도 없는 작자가 재수 없게… (밖을 향해) 거기, 누구 없니?
네릿서	(밖에서 대답하며 들어온다.) 네에.
캐플렛	저거 끌어내!
네릿서	저거요?
승려	저거, 요?
캐플렛	(턱짓하며) 저, 저, 이상한 거 당장 끌어내. 도대체 준비를 어떻게 하는 거야? 네릿서. 저거 당장 끌어내고, 입구에서 초대장 없는 사람은 얼씬도 못 하게 하라고 전해.
네릿서	네. (승려의 팔을 끌며) 가시죠.
승려	40더컷도 가능은 합니다.
캐플렛	당장 끌어내!
네릿서	(끌며) 나가세요, 얼른.
승려	(나가며) 30더컷이면 거저 주는…

승려, 네릿서 퇴장.

캐플렛	아휴, 세상에 별꼴을 다 보겠네. (밖을 향해) 거기, 악사들은 준비가 다 됐나?

캐플렛 퇴장. 캐플렛의 집 앞. 실랑이를 벌이고 있는 줄리엣M과 로미오.

줄리엣M 로미오, 나 정말 춤출 기분이 아니라니까.
로미오 아니야, 누나. 오늘 밤 꼭 춤을 춰야 해.
줄리엣M 진짜 싫다니까.
로미오 그럼 춤은 안 추더라도 음악이라도 들으면서 기분을 좀 바꿔봐! 나, 누나 우울해하는 거 더는 못 봐주겠어.
줄리엣M 그럼 안 보면 되잖아. (돌아선다.)
로미오 (줄리엣을 막아서며) 저기에 로잘린도 있어.
줄리엣M 정말?
로미오 오늘 밤 베로나에서 캐플렛가의 무도회에 초대받지 않은 사람은 없어.
줄리엣M 캐플렛? 난 처음 들어보는데.
로미오 나도 그 집안은 잘 모르지만, 오늘 밤 어마어마한 무도회가 열린다는 건 알지.
줄리엣M 우리도 초대받은 거 맞아?
로미오 (초대장을 내밀며) 우리 몬테규도 당연히 받았지.

줄리엣M   (초대장 뺏으며) 난 왜 몰랐지?

로미오   (으쓱하며) 큐피트의 화살이 너무 깊이 박혀서 눈이라도 멀었나 보지.

줄리엣M   가자! (앞장서다 멈춰서며) 하지만 난 오늘 춤추러 가는 게 아니라 로잘린을 보러 가는 거야. 남자들이랑 억지로 춤추는 거 정말 싫어.

로미오   알았어. (무도회 가면을 건네며) 이거부터 챙겨.

줄리엣M과 로미오, 캐플렛의 집으로 들어간다. 무도회가 열리고 있다. 그 가운데 캐플렛과 줄리엣C가 있다.

캐플렛   (살갑게) 어서 오세요, 신사분들. 오늘 밤 발가락이 부르튼 숙녀분만 아니라면 모두 여러분과 춤을 출 겁니다. 아, 우리 숙녀분들, 여기서 춤을 추지 않겠다고 하실 분은 없으시겠죠? 얌전을 빼는 아가씨들은 발이 부르텄다고 생각할 거예요. 무좀이 있다고

	말이에요. 하하.
줄리엣M	저런 아름다운 얼굴로 꽉 막힌 말씀들만 쏟아내시는구먼.
캐플렛	저에게도 늠름한 신사분들의 달콤한 말이 귓가에 쏟아지던 때가 있었죠.
줄리엣M	(조롱하듯) 다른 숙녀들의 목소리는 들리지 않으셨구요?
로미오	(줄리엣을 쿡 찌른다.)
캐플렛	오늘 밤 신사분들의 달콤한 목소리를 시작으로 아름다운 젊은 남녀의 사랑이 활짝 꽃피우길 바라겠어요!
줄리엣M	내가 이래서 무도회가 싫다는 거야. 오늘 밤 어떤 신사놈이 내 목덜미에 콧바람이라도 불어넣기만 해봐, 내가 그땐, 진짜,
캐플렛	자자, 음악소리를 좀 더 키워볼까요. 마음껏 춤을 추세요. 신사 숙녀 여러분.

줄리엣M, 캐플렛의 손에 이끌려 무도회장 복판으로 나오는 줄리엣C를 발견한다.

줄리엣M 너 저 사람 알아?

로미오 누구?

줄리엣M 지금 가면 벗은 저분 말이야.

로미오 글쎄.

줄리엣M (로미오의 말을 무시하고) 아, 당신은 태양보다 눈부시네요. 깜깜한 밤 같은 내 마음을 이렇게 환하게 비추시다니.

로미오 (줄리엣M의 눈을 살핀다.) …누나 눈빛이 왜 이래?

줄리엣M 어떻게 해서든 저분 가까이 가야겠어.

로미오 그럼 로잘린은?

줄리엣M 내 가슴이 이제까지 사랑을 한 적이 있었나?

로미오 (절레절레) 이거 봐, 또 이런다. 누나 정신 차려.

줄리엣M (로미오의 손을 이끌고) 가자고.

줄리엣M, 로미오를 이끌고 무도회장의 복판으로 나아간다. 신사 숙녀들이 춤을 추고 있다. (이때, 남녀가 춤을 추고 있다고 가정하고 춤을 추되 건너편에 상대방은 없다. 그러니까 남녀가 춤을 추는 모양이지만 실상은 홀로 춤을 추고 있는 것이다. 두 명의 줄리엣과 가면을 쓴 남자들이 각자의 파트너와 춤을 추는 모양이다. 파트너를 체인지하는 춤을 추고 있다.)

남녀들이 춤을 추고 있지만 줄리엣M의 신경은 온통 줄리엣C에게 쏟아진다. 줄리엣C 역시 줄리엣M을 발견한 이후로 눈길을 거둘 수가 없다. 춤이 진행되면서 곁에 있는 서로의 손등이 닿거나 치마가 스친다. 그때마다 두 줄리엣의 심장은 터질 것 같고, 더러는 숨길 수 없이 웃음이 터진다. 앞에 있는 남자 파트너의 손을 잡거나 몸에 기댈 때에도 줄리엣과 줄리엣은 서로에게 자석처럼 끌린다. 곡이 바뀌고, 사람들이 무도회장 중앙에서 물러난다. 줄리엣C는 처음 느끼는 두근거림에 무도회장 한 켠에서 마음을 진정시키고 있다.

줄리엣C   어디가 고장 났나? (가슴에 손을 얹고) 왜 이렇게 빨리 뛰지? 으아, 숨이 안 쉬어져.

줄리엣M이 그 곁으로 다가가 손끝을 댄다. 놀라는 줄리엣C. 그 손의 주인이 줄리엣M인 것을 알고는 손을 떼었다 붙였다 어쩔 줄을 모르다 가만히 손을 대고 있다.

줄리엣M   (줄리엣C의 손을 다시 감싸며) 만약에 제 이 천한 손이 당신의 거룩한 신전을 더럽히고 있는 거라면, 부드러운 입맞춤으로 그 죄를 보상해도 될까요?

줄리엣C   천하지 않아요. 당신의 손은 이미 신앙심이 가득한데요? (닿아 있는 손을 내려다보다, 두 사람의 맞닿은 손을 눈동자 위치까지 올리며) 성자의 손은 순례자의 손을 맞이하기 위해 있는 것이니까, 서로 손을 맞대는 것이 순례자의 입맞춤이에요. (번뜩, 손을 내리고 고개를 돌리며 혼잣말) 그 성자와 순례자가 여자라는 얘기를 들어본 적은 없지만.

줄리엣M   (애타는) 성자나 순례자들은 입술이 없나요?

줄리엣C   (살짝 웃으며) 당연히 있죠. 하지만 그건 기도를 하기 위해 존재하는 거예요.

줄리엣M   (다가가며) 그렇다면 손이 하는 일을 입술

　　　　　　　로도 할 수 있게 해주세요. 내 믿음이 절망으로 바뀌지 않게.
줄리엣C　(몸을 틀며) 기도를 들어준다고 해도 성자가 움직이지는 않을 텐데.
줄리엣M　그럼 움직이지 마세요. (다가간다.) 제가 기도를 할 동안.

줄리엣M과 줄리엣C, 입을 맞춘다.

줄리엣M　아… 당신의 입술로 제 죄가 모두 씻겨 나간 것 같아요.
줄리엣C　(웃으며) 그럼 제 입술이 당신의 죄를 가지게 되겠네요.
줄리엣M　이 아름다운 입술이 저의 죄를요? 그렇다면 내 죄를 다시 돌려주세요.

다시 입을 맞추는 두 줄리엣. 티볼트의 목소리가 들린다.

티볼트　(밖에서) 줄리엣-

줄리엣C   (동시에) 응-

줄리엣M   (동시에) 네-

서로를 바라보는 두 줄리엣.

티볼트   (밖에서) 줄리엣.

줄리엣M   (동시에) 네-

줄리엣C   (동시에) 응- (줄리엣M에게) 이름이?

줄리엣M   줄리엣, 줄리엣 몬테규.

줄리엣C   (신기하고도 불안하다, 다가가는) 제 이름도,

티볼트   줄리엣. (줄리엣M을 흘깃 보는) 여기서 뭐해?

줄리엣C   (화들짝 놀라 떨어지는) 아, 오빠.

티볼트   (줄리엣M을 보고 가볍게 인사하는)

줄리엣M   (살짝 물러서는)

티볼트   백작이 기다리고 있어. 얼른 가자.

줄리엣C   (쉽게 발이 안 떨어지는) 알겠어.

티볼트   뭐해, 줄리엣.

줄리엣C   응.

티볼트, 줄리엣C를 데리고 나간다. 계속 줄리엣M을 뒤돌아보는 줄리엣C.

줄리엣M　(나직이) 줄리엣. 줄리엣.

3장

캐플렛의 정원. 줄리엣M, 담을 넘어 줄리엣C의 방 창가로 다가간다.

줄리엣M   내 마음이 여기에 있는데 어떻게 다시 집으로 돌아갈 수 있겠어.

줄리엣C의 창문이 밝아진다.

줄리엣M   (몸을 숨기며) 빛이다! 저기가 동쪽이니까 그렇다면 나의 줄리엣은 태양이야.

줄리엣C 등장.

줄리엣M   (몸을 숨기며 눈을 질끈 감고) 아, 당신이 내 사랑이란 걸 알아주세요.
줄리엣C   하아…
줄리엣M   아, 천사가 말을 한다.
줄리엣C   줄리엣. 아아, 줄리엣.
줄리엣M   (허둥지둥) 나 말하는 건가? 대답해야 되나?

줄리엣C   왜 당신의 이름은 줄리엣이에요? 나하고 같은 그 이름을 버리세요. 아니면 나를 사랑한다고 말해줘요. 그럼 내가 내 이름을 버릴게요.

줄리엣M   어떡하지? 말을 걸어야 하나?

줄리엣C   아냐, 이름이 같은 게 뭐? 당신이 여자든 아니든 당신은 당신일 뿐이에요. 줄리엣이라는 게 무슨 상관이야.

줄리엣M   (속삭이며) 맞아요!

줄리엣C   (작게 무언가 깨달은 듯) 상관이 있지. 그래. (확신을 갖는) 나는 그 사람이 줄리엣이어서 사랑하는 거야. 나와 같은 이름이어서.

줄리엣M   맞아요! 더 맞아요!

줄리엣C   하지만, (잠깐 생각을 하는)

줄리엣M   (간절하게 바라보는) 하지만…?

줄리엣C   여자가 여자를 사랑한다니 들어본 적이 없어.

줄리엣M   (애타는) 여기, 지금, 여기 있잖아요, 여기.

줄리엣C   이 마음의 소리를 내가 믿어도 될까?

줄리엣M   (강하게 끄덕끄덕)

줄리엣C	(고개를 흔들며) 마음이 하는 소리를 못 믿겠으면 몸이 하는 말을 들어야지. 이렇게 가슴이 두근거리고 머릿속은 온통 그 사람 생각뿐인데. 아, 줄리엣. 나와 같은 이름 그대로 거기 있어요. 그리고 당신으로 가득 차 있는 나를 가져요.
줄리엣M	(소리를 높여) 그럴게요!
줄리엣C	(깜짝 놀라) 꺅! (몸을 숨기며) 누구세요?
줄리엣M	당신과 이름이 같은 사람.
줄리엣C	줄리엣? (다가오며) 여기 어떻게 오셨어요? 담이 높아서 들어오기 힘들었을 텐데.
줄리엣M	정원의 담이야 사랑의 날개를 달고 뛰어넘었죠.
줄리엣C	누가 당신에게 길을 알려줬어요?
줄리엣M	사랑이요. 당신을 찾으라고 말하는 눈먼 사랑에게 제 눈을 줘버렸거든요. 아, 줄리엣. 저는 비록 항해자는 아니지만 당신 같은 보물을 찾기 위해서라면 아무리 먼 바다라도 기꺼이 항해할 거예요.
줄리엣C	지금이 밤이 아니었다면 당신은 빨개진 제

두 뺨을 봤을 거예요. 이렇게 숨어서 제 혼잣말을 다 들으시면 어떡해요?

줄리엣M 미안해요.

줄리엣C 자존심을 세우고 아까 한 말은 다 거짓말이라고 하고 싶지만 자존심 같은 건 다 버릴게요. (숨을 한 번 고르고) 당신은 날 사랑하세요?

줄리엣M 물론,

줄리엣C (거의 동시에, 끊으며) 물론, 그렇다고 하시겠죠. 당신의 말을 믿을게요. 하지만 제 앞에서 천 번을 고백하신다고 해도 진실이 아닐 수도 있잖아요. 연인들이 하는 거짓맹세는 제우스도 웃는다고 하던데.

줄리엣M 줄리엣, 전 제우스를 경멸해요.

줄리엣C (웃으며) 아, 줄리엣. (떨어지며) 당신이 내 사랑을 너무 쉽게 얻었다고 생각할까 봐 겁이 나요. 속마음을 숨기고 도도하게 굴어야 사랑을 얻을 수 있는 거라고 들었는데, 저는 도저히 새어나가는 사랑을 막을 수가 없네요. 그러니까 헤프다고 생각하지 마시고 내 사랑을 믿어줘요. 그리고 당신이 날 사랑한다면 온 마음을 다해 고백해주세요.

줄리엣M   (둘러보며) 여기, 이 정원의 과일나무들을 은빛으로 물들이는 저 신성한 달에 대고 맹세할게요.

줄리엣C   달에 대고요?

줄리엣M   왜요?

줄리엣C   시간이 흐르면 모양이 바뀌는 저 변덕스러운 달에 대고 맹세하지 마세요. 당신의 사랑도 저 달처럼 그 모양이 바뀔까 봐 겁나요.

줄리엣M   그럼 어디에 대고 맹세할까요?

줄리엣C   만약에 맹세를 하시려면 당신 자신을 걸고 하세요. 당신은 내가 숭배하는 유일한 신이니까.

줄리엣M   (맹세하려) 만약에 내 가슴 속에 이 귀한 사랑이…

줄리엣C   (호들갑스럽게) 아니, 아니. 맹세하지 마세요. 우리가 이렇게 사랑하게 된 건 너무 기쁘지만, 오늘 밤은 이런 맹세와 어울리지 않아요. 너무 성급하고 갑작스러워요. 잘 가요, 내 사랑. 오늘 우리의 이 사랑의 봉오리가 다시 만날 때 아름답게 피어 있길 바래요. 잘 가요, 잘 가요. (자리를 뜨려 한다.)

줄리엣M 이렇게 서운하게 저를 두고 가버리실 건가요?
줄리엣C 그럼 이 밤을 어떻게 채우고 싶으세요?
줄리엣M 당신과 나의 사랑의 약속으로요.
줄리엣C 제 사랑은 이미 다 드렸잖아요. (안는다.)
네릿서 (밖에서) 줄리엣 아가씨!
줄리엣M (동시에) 응-
줄리엣C (동시에) 응-

재빨리 줄리엣M의 입을 막는 줄리엣C. 둘은 웃음이 터진다.

줄리엣C 잠깐만 기다려요.

줄리엣C 들어간다.

줄리엣M (가슴을 부여잡고) 아, 와, 아, 이런 순간이

오다니. 이 밤이, 이 모든 게 꿈일까 봐 겁나. 살아 있다고 하기에는 너무 달콤하잖아.

줄리엣C (달려나오며) 줄리엣, 한 마디만요. 당신의 사랑이 어두운 밤이 아니라 눈부신 한낮에도 존재한다면, 내일 우리 집으로 와요.

줄리엣M 여기, 당신의 집으로요?

줄리엣C (잠깐 고민하다) 오늘 밤 무도회에서 만난 친구라고 당신을 소개한다면 아무 문제 없을 거예요.

줄리엣M (약간 실망한 듯) 친구라는 이름으로 나를 묶어둘 건가요?

베릿서 (밖에서) 아가씨이-

줄리엣C 지금 가! (줄리엣에게) 묶어두기 위해서가 아니라 더 가까워지기 위해서예요, 내 사랑. (입 맞춘다.)

줄리엣M 이미 내 심장은 내 몸보다 당신에게 더 가까워요.

줄리엣C 안녕. 천 번이고 안녕. (퇴장)

줄리엣M 하…

줄리엣C 다시 등장.

줄리엣C　줄리엣!
줄리엣M　네!

줄리엣M 다시 줄리엣C의 곁으로 간다.

줄리엣C　내일 몇 시쯤에 오실 거예요?
줄리엣M　열두 시가 좋겠어요.
줄리엣C　그래요. 그럼 그때 맞춰 준비할게요. 그동안이 백 년처럼 느껴지겠네요. 아, 으아, 당신을 왜 불렀는지 잊어버렸어요.
줄리엣M　그럼, 당신이 기억해낼 때까지 여기 서 있을게요.
줄리엣C　기억이 안 날 거예요. 당신이 거기 서 있으면 우리가 함께 있어서 너무 좋다는 것 말고는 아무 생각이 안 나거든요.
줄리엣M　그럼 계속 여기 있을게요. 우리가 여기 함께 있다는 사실 말고는 전부 잊을 수 있게.
줄리엣C　안 돼요. 이제 곧 아침이에요. 이제 당신을 보내드릴게요. 잘 가요, 안녕.
줄리엣M　안녕. 날이 밝아서 만나요. 안녕.
줄리엣C　안녕.
줄리엣M　안녕.

안녕을 말하며 차마 등 돌리지 못하는 두 줄리엣.

암전.

4장

캐플렛의 집, 줄리엣C의 방. 줄리엣C, 네릿서를 앉혀 두고 서성인다.

네릿서 그러니까 아가씨 하고 싶은 말씀이 뭐냐구요.
줄리엣C (초조하게) 네릿서, 제발 조금만 시간을 줘. 난 지금 처음 느끼는 감정들 때문에 제대로 서 있기도 힘들단 말이야.
네릿서 잘만 서 계신데.
줄리엣C (다가가며) 너는 나의 자매야. 알지?
네릿서 아가씨를 씻겨주고 먹여주는 자매지요.
줄리엣C 내 짧은 인생에서 완전한 믿음으로 기댄 사람은 너뿐이야. 그것도 알아?
네릿서 그럼요. 아가씨를 떠받들어서 키운 게 바로 저잖아요. (손으로 무릎께를 가리키며) 제 키가 요만했을 때부터 저는 아가씨를 업고 다닌 것 같은데.
줄리엣C 제발, 네릿서. 나는 지금 두려움 때문에 온 몸이 부서질 것 같아.
네릿서 (단단하게) 무슨 일이 있어도 아가씨는 부

	서지지 않아요. 내가 있잖아요.
줄리엣C	이렇게 나를 지켜주는 니 눈빛이 내 고백을 듣고 차갑게 식을까 봐 겁나.
네릿서	그럼 눈을 감을까요? (눈을 감는다.)
줄리엣C	아냐. 두 눈을 뜨고 내 이야기를 들어줘.
네릿서	(바라본다.)
줄리엣C	네릿서. 나는, 나, 사랑하는 사람이 생겼어.
네릿서	(덤덤한) 그래요?
줄리엣C	응. 나 그분을 너무너무 사랑해. 지금 당장 그분을 보지 못하는 내 두 눈을, 그분에게 달려가지 못하는 두 다리를 원망할 정도로 사랑해.
네릿서	(찌푸리는) 그분을 사랑해서 아가씨가 미워진단 말이에요?
줄리엣C	(고개를 흔들며) 꼭 그렇진 않아. 그분의 입술을 담은 내 입술이 있다는 것에, 그분의 마음을 간직하고 있는 내 마음이 있다는 것에 감사하거든. 그분을 만나고 밑그림뿐이었던 내 삶에 수만 가지 색깔을 칠하고 있는 기분이 들어.

네릿서 그래요?

줄리엣C 그분을 사랑하게 되고, 난 내가 누군지, 어디에 서 있는지 온몸으로 깨닫게 되었어.

네릿서 그것 참 잘되었네요.

줄리엣C 그런데, 네릿서.

네릿서 네.

줄리엣C 그분은 남자가 아니야.

네릿서 …

줄리엣C (떨리지만 분명하게) 그분은 나와 이름이 같은, 여자야.

네릿서 어머, 같은 이름이라고요?

줄리엣C (끄덕인다.)

네릿서 (골똘히 생각하듯) 그것 참 희한하네요.

줄리엣C …내가 이상해?

네릿서 네?

줄리엣C 내가 사랑하는 사람이 여자라서,

네릿서 아이고 참, 아가씨. 그것 때문에 이렇게 떨고 있었어요?

줄리엣C (끄덕인다.) 지금 니 앞에 서 있는 내가 어젯밤에 니 앞에 서 있던 줄리엣이야? 10년

	전에 니 등에 업혔었던 줄리엣이 맞아?
네릿서	아니죠, 당연히.
줄리엣C	…
네릿서	아가씨는 이제 사랑을 아는 줄리엣이잖아요.
줄리엣C	네릿서…
네릿서	(줄리엣을 안아주며) 말해줘서 고마워요. 아가씨가 누구를 사랑하더라도, 아가씨는 나의 줄리엣 아가씨예요. (몸을 떼며) 아가씨는 나의 자매예요.
줄리엣C	네릿서. (꼭 껴안는)
네릿서	(안아 흔들며) 아가씨는 절대 부서지지 않아요.
줄리엣C	(빠르게 몸을 떼어내며) 부서질 시간이 없어. 얼른 준비해야 돼.
네릿서	네?
줄리엣C	이제 그분이 오실거야.
네릿서	누가요, 아가씨랑 이름이 같은 그분 말예요?
줄리엣C	정오에 오시기로 했거든.

네릿서	네? 그럼 시간이 다 되었잖아요?
줄리엣C	(네릿서의 등을 떠밀며) 그러니까 니가 얼른 나가서 그분을 맞이해줘.
네릿서	마님께서도 아가씨의 사랑이 오신다는 걸 아세요?
줄리엣C	당연히 모르지. 그분은 어젯밤 연회에서 알게 된 나의 '친구'인 거야.
네릿서	(줄리엣C를 멀뚱히 본다.)
줄리엣C	(네릿서가 무슨 말을 하고 싶은지 안다.) 어쩔 수 없잖아. 너한테 말하는 데 내년 봄까지 쓸 용기를 다 써버렸어. 아직은 아냐.
네릿서	그런데 그분을 초대는 하셔야겠고요?
줄리엣C	그럼 어떡해. 밤새 그분을 기다리느라 내후년 겨울까지의 인내심을 다 써버렸는데. 얼른, 얼른. 그분이 기다리실지도 몰라.
네릿서	알았어요, 알았어.

네릿서 나가려는데, 티볼트가 들어온다.

티볼트	사랑하는 내 동생. 밤새 안녕하셨는지?

줄리엣C   안녕하다고 해야 하나? 밤새 한숨도 자지 못했는데 떠오르는 태양이 반갑고, 가만히 앉아만 있어도 베로나 시내를 몇 바퀴나 휘젓고 다닌 것처럼 심장이 뛰거든.
티볼트   알겠다. 사랑에 빠졌구나!

네릿서, 뜨끔하며 티볼트의 뒤에서 눈짓을 하면 줄리엣, 살짝 고개를 젓는다.

줄리엣C   글쎄, 그건 아직 읽어보지 않은 책이라 잘 모르겠는데. 네릿서, 얼른.
네릿서   네, 아가씨.

네릿서 나간다.

티볼트   오빠가 먼저 읽어본 책이라 잘 아는데 넌 분명히 사랑에 빠진 거야.
줄리엣C   (피하며) 아니라니까.
티볼트   패리스 백작이 마음에 든 거야. 그치?
줄리엣C   어머니한테는 아직 말씀드리지 못했지만,

오빠, 난 그분이 마음에 들지 않아.

티볼트 뭐?

줄리엣C 말 그대로야. 그 사람하고 결혼을 한다니 상상도 안 돼. 오빠는 돼?

티볼트 내가 여자였으면 어젯밤 그 친구를 처음 만나고 오늘 아침에 셋째 아이를 낳았겠다.

줄리엣C 무슨 말이 그래?

티볼트 (웃으며) 그 친구를 사랑하지 않을 이유가 어디 있어? 잘생겼지, 돈 많지, 인성 좋지,

줄리엣C 글쎄, 그런 것들이 내 마음을 하나도 흔들어 놓지 못했다니까.

티볼트 줄리엣, 니가 아직 세상을 몰라서 그래. 베로나 어디를 뒤져봐도 그만한 남자는 없어.

줄리엣C (남.자. 라는 말에 반응하는 것이다.) 그렇겠지. 그치만,

티볼트 그 친구는 너를 꽃처럼 아낄 거야. 여신처럼 떠받들 거라고.

줄리엣C 나는 꽃도 아니고 여신도 아니야. 나는 그냥 나라고.

티볼트 (볼을 꼬집으며) 아직 오빠랑 엄마 곁을 떠

나기 싫구나? 우리도 널 다른 남자 손에 넘기다고 생각하면 마음이 찢어져. 하지만 결국 여자는 좋은 남자를 만나서 행복한 가정을 꾸리는 게 최고야. 너도 부인이 되는 영광과 엄마가 되는 환희를 느껴야지, 다른 여자들처럼. 너를 사랑하니까 마음이 아파도 너를 보내려고 하는 거야.

줄리엣C 그건 내가 아니라 오빠의 동생, 엄마 딸의 삶이지.

티볼트 무슨 소리야?

줄리엣C (마음을 숨기며) 아니야, 아무것도. 그래, 오빠 말이 맞아. 난 아직 이 집을 떠날 준비가 안 됐어. 그러니까 오빠가 엄마를 좀 말려줘. 내가 줄리엣 캐플렛일 수 있게. 응?

티볼트 (의아하다.) 줄리엣. 왜 안 부리던 고집을 부려?

네릿서, 줄리엣M을 데리고 들어온다.

네릿서 오셨어요. 아가씨.

줄리엣C   (재빠르게 움직이며) 아! 오시는 길이 어렵진 않으셨어요?

줄리엣M   전혀요. 밤새 한숨도 자지 못하고 태양이 뜨기만을 기다렸는데요. 그런데 이상하게 여기 서 있는 것만으로 베로나 시내를 몇 바퀴 달린 사람처럼 심장이 뛰네요.

티볼트   누구…?

줄리엣C   아, 저희 오빠예요. 그리고 이분은,

줄리엣M   어젯밤 댁에 초대되었던 줄리엣 몬테규입니다.

티볼트   아, 어젯밤에 잠깐 뵌 것 같네요. 그런데 이름이…

줄리엣C   (신난) 이름이 같아, 신기하지?

티볼트   티볼트 캐플렛이에요.

줄리엣M   뵙게 되어 영광이에요.

티볼트   몬테규가 사람은 처음 뵙네요. 원래 알던 사인가?

줄리엣M   어젯밤 무도회에서 처음 만났습니다.

줄리엣C   (작게) 기적처럼.

줄리엣M   (웃음) 처음 만났는데도 아주 오랜 시간 연

	을 함께한 것처럼 마음이 잘 통해서,
줄리엣C	내가 초대한 거야! (돌아보며) 오빠!
티볼트	으응?
줄리엣C	(나가라는 눈짓) 손님이 오셨으니까.
티볼트	어어, 그래. (공손하게) 그럼 즐거운 시간 되세요.
줄리엣C	네릿서.
네릿서	네?
줄리엣C	(나가라는 눈짓)

픽 웃으며 나가는 네릿서. 티볼트는 허둥지둥대는 줄리엣C가 이상하다. 방을 나가는 티볼트. 두 사람이 나가자 껴안고 입 맞추는 두 줄리엣.

줄리엣M	아, 지난밤이 천년 같았어요.
줄리엣C	제 힘으로 태양을 떠오르게 할 수 있었다면 아폴론의 멱살이라도 잡았을 거예요.
줄리엣M	(웃음) 아, 당신과 이렇게 함께 있다니. 이게 꿈은 아니겠죠?
줄리엣C	꿈이 아니에요, 줄리엣.

기쁘게 껴안는 두 줄리엣.

줄리엣C 아… 이 이야기를 어떻게 해야 할지 모르겠어요.

줄리엣M 어떤 이야기요?

줄리엣C 줄리엣. 사랑하는 연인 사이에는 비밀이 없어야겠지요? 제가 당신에게 진실만을 원하니까 제가 가진 것들도 모두 보여드려야 하는 게 맞겠죠?

줄리엣M 무슨…

줄리엣C 사실 어젯밤 무도회는 저를 위한 거였거든요. 저와 패리스 백작이라는 분을 위해서요.

줄리엣M 아…

줄리엣C 그분이 어머니를 통해서 저에게 청혼을 하고 싶다 말씀하셨대요.

줄리엣M 그래서 그 사람이 청혼을 했나요?

줄리엣C (급하게) 아니요. 아직은요. 하지만 곧 해올 것이고, 그럼 저희 집에서는 절 분명히 그분과 결혼시킬 거예요.

줄리엣M (돌아서는)

줄리엣C   (급히) 하지만 거절할 거예요!

줄리엣M   (말없이 줄리엣C를 바라본다.)

줄리엣C   얼마나 버틸 수 있을진 모르겠지만…

줄리엣M   …

줄리엣C   실망했죠?

줄리엣M   아니요.

줄리엣C   (살피며) 마음이 다친 거죠? 미안해요.

줄리엣M   아니에요, 나 괜찮아요.

줄리엣C   미안해요, 그렇게 섣부르게 사랑을 고백해서는 안 되는 거였는데. 하지만 그러지 않을 수 없었어요. 당신을 만나기 전엔 몰랐어요. 사랑을 하게 되면 온몸으로 말을 하게 된다는 걸, 마음이 하는 말을 막을 수 없다는 걸요. 미안해요, 미안해요. 줄리엣.

줄리엣M   진정해요, 줄리엣. 나 괜찮아요.

줄리엣C   괜찮아요? 정말?

줄리엣M   (쓸쓸하게 웃으며) 물론 괜찮진 않지만. 괜찮을 거예요. 당신의 사랑이 있으니까.

줄리엣C   …내가 다른 남자와 결혼을 해도 정말 괜찮아요?

줄리엣M   (말하기가 어렵다.) 그치만… 어쩔 수 없잖
         아요.

두 줄리엣, 잠깐 침묵한다.

줄리엣M   나는 정말로, 당신의 사랑을 받는 것만으로
         도 머리가 터질 듯이 행복해요. 들어본 적도
         없는 아름다운 보석을 가지게 된 것처럼. 당
         신을 만나서 당신을 만지고, 당신을 바라보
         는 것만으로도 믿을 수 없이 행복해요.
줄리엣C   나도 그래요.
줄리엣M   물론 이 행복이 영원하길 바라지만, 당신과
         함께 잠들고 눈을 뜨는 매일을 꿈꾸지만,
         모두 앞에서 당신이 내 일생의 사랑이라고
         자랑하고 싶지만, (손을 떼며) 그러지 못한
         다고 해도,
줄리엣C   그렇게 해요!
줄리엣M   네?
줄리엣C   그렇게 해요. 왜 그러면 안 돼요?
줄리엣M   하지만,

줄리엣C 결혼, 하면 안 돼요?

줄리엣M (놀란) 줄리엣.

줄리엣C 나는, 나는요, 당신을 만나기 전에는 매일 이 안개가 낀 하늘처럼 아무것도 보이지 않았어요. 모든 사람이 사랑을 말하는데, 난 그 모습을 그려볼 수도 없었다구요. 그런데 우리가 이렇게 함께 있으면, 손에 잡힐 듯이 생생하게 그려져요.

줄리엣M (멀어지며) 그건 말도 안 돼요, 줄리엣.

줄리엣C 왜요?

줄리엣M 사람들은 우리가 사랑을 한다는 걸 받아들이지 못해요. 아니, 상상하지도 못해요. 베로나에선 동성애를 하는 사람은 추방시켜 버린다구요. 우리가 함께한다는 걸 안다는 것만으로 위험해질 텐데 결혼이라니,

줄리엣C 하지만 사랑하잖아요.

줄리엣M …

줄리엣C 우리가 사랑을 하는 데에 다른 사람들의 인정이 왜 필요해요?

줄리엣M 하지만 결혼은…

줄리엣C   그럼 우리는 각자 다른 남자와 결혼을 하고 숨어서 사랑을 해야 하는 거예요?

줄리엣M   줄리엣…

줄리엣M, 줄리엣C를 위로하고 싶지만 위로할 방법이 없다. 잠시 침묵.

줄리엣C   미안해요. 내가 너무 성급했어요. 엄마랑 오빠에게 말할 용기도 없으면서 결혼이라니… 묶어두지 않으면 달아날까 봐 겁이 났어요. 이대로 두면 당신이 사라질까 봐.

줄리엣M   나 사라지지 않아요.

줄리엣C   (끄덕인다.)

줄리엣M   그리고 숨고 싶지도 않아요. (웃으며) 당신은 정말 신기한 사람이에요. 어떻게 이런 생각을 하게 만들죠?

줄리엣C   …?

줄리엣M   당신의 사랑의 크기가 나와 같다면,

줄리엣C   …

줄리엣M   줄리엣, 당신을 사랑하는 것을 참는 것보다

숨을 참는 것이 더 쉬울 거예요. 그런 나의 마음과 당신의 마음이 우리의 이름처럼 같다면 줄리엣,

줄리엣C 같아요, 거울에 비친 모습처럼.

줄리엣M 제 청혼을 받아주겠어요?

줄리엣C …?

줄리엣M 당신만을 영원히 사랑하겠다는 나의 맹세를 받아주시겠어요?

줄리엣C 정말, 이에요?

줄리엣M (끄덕인다.)

줄리엣C (줄리엣M을 껴안으며) 내가 받아도 되는 축복이라면 얼마든지요. (몸을 떼어내며) 그런데… 우리가 정말 결혼을 할 수 있을까요?

줄리엣M (웃으며) 사실 잘 모르겠어요. 내가 사랑하는 여자랑 결혼을 할 거라고 생각해본 적이 없어서. 그런데 줄리엣, 당신은 나를 상상하게 만들어요. 더 많은 꿈을 꾸게 만들어요.

줄리엣C (바라본다.)

줄리엣M 나는 진실되고 싶어요. 내게는 어렵게 얻은

　　　　　　　귀한 사랑이 있고, 그 사랑이 영원하기를
　　　　　　　바란다고 진실되게 맹세하고 싶어요.
줄리엣C　　줄리엣…
줄리엣M　　(정신없이 고백한다.) 그리고 나는 어떤 모
　　　　　　　양으로든 당신의 곁에 있을 거예요. 어떤
　　　　　　　형태로든 당신을 사랑할 거예요. 그리고 절
　　　　　　　대로 당신을 혼자 두지 않을 거예요. 당신
　　　　　　　을 다른 사람 곁에 두지도 않을 거고.
줄리엣C　　한 번만 더 물어봐 줄래요?
줄리엣M　　…줄리엣 캐플렛. 나와 결혼해주겠어요?
줄리엣C　　네, 당신과 결혼하겠어요. 줄리엣 몬테규.

두 줄리엣, 서로를 깊이 껴안는다. 결혼의 맹세에 들뜬 두 줄리엣.

줄리엣M　　결혼식을 올릴 장소가 필요하겠죠?
줄리엣C　　그리고 증인도요.
줄리엣M　　증인이라면 있어요.
줄리엣C　　저도요.
줄리엣M　　그럼 장소는…

줄리엣C   로렌스 신부님이라면 교회를 내주실지도 몰라요. 어렸을 때부터 저를 아주 예뻐해주셨거든요.

줄리엣M   그래요?

줄리엣C   (들뜬) 정말 우리 결혼하는 거예요?

줄리엣M   (끄덕인다.) 네. 맞아요.

줄리엣C   (밖을 향해) 네릿서!

5장

베로나의 길거리. 승려가 앉아 있다. 그의 옆에는 여러 약초와 약병들이 담긴 꾸러미가 있다. 네릿서가 화가 나서 걸어 나온다.

네릿서 아가씨도 참 순진하시지. 꼭 들어주실 거라고 장담을 하더니. (뒤를 돌아봤다가) 아니, 신부님도 그래. 그렇게 학을 떼고 고함을 지를 건 뭐야? 죄짓지 않는 사람이 어딨어? 세상에 하나님이 하지 말라는 일 하는 사람이 한둘이야? 탐욕 부리는 지체 높으신 분들 헌금은 잘도 받고 죄도 사해주더니, 사랑하는 두 사람이 결혼을 하겠다는데 그게 왜 죄가 되냐고. (뒤를 휙 돌아보며) 더럽고 음란한 마귀가 붙어? 더럽고 음란한 마귀가 붙은 건 아가씨들이 아니라 베로나 영주지. 어린 하녀들 희롱하는 귀족 놈들한텐 한 마디도 못하면서! 아이고, 아이고, 뒷목이야. 아, 열 뻗쳐.

네릿서, 화가 나는지 뒷목을 잡고 길거리 한 켠에 주

저앉는다.

네릿서 아유… 아가씨가 엄청 실망하실 텐데. (갑자기 버럭) 신이 허락하지 않는 거야, 신부지가 허락을 안 하는 거야? 사람을 죽이는 것도 아니고 거짓말을 하는 것도 아니고 간음을 하는 것도 아닌데. (뒷목을 잡으며) 아오, 아오, 죽겠다.

승려 (눈을 뜨며) 심호흡을 하세요.

네릿서 아이고, 깜짝이야.

승려 울화가 뻗치면 뒷목이 굳어지죠. 크게 심호흡을 하세요.

네릿서 (자리를 뜨려) 아, 예.

승려 자, 따라 해보세요. 스읍- 하. 스읍- 하.

네릿서 (게걸음으로 옆으로 비켜나며) 스읍- 하, 스읍- 하.

승려 (웃으며) 저는 수행을 하는 사람입니다. 너무 경계하지 마시고 제 말을 한 번 들어보세요. 몸이 조금 편안해질 겁니다.

네릿서 (억지 미소) 아니요, 전 괜찮습니다. 이렇게

대화를 나누는 것이 마음이 더 불편해지는
것 같네요.

승려 (꾸러미에서 약병 하나를 꺼낸다.) 아, 마음이 심란해 목이 뻣뻣해지고 두통이 오신다면 (내밀며) 귀 뒤쪽에 이걸 한번 발라 보세요.

네릿서 아니, 저는 괜찮습니다.

승려 (약병을 내민다.)

네릿서 저는 돈이 없어요.

승려 물론 그러시겠죠. (내민다.)

네릿서 아니, 이거 그때 30더컷이니 40더컷이니 하던 거 아니에요? 전 돈 없다니까요.

승려 가진 사람은 그렇게 내는 것이고, 없는 사람은 물건에 값이 없습니다.

네릿서 무슨 소리예요? 공짜란 말이에요?

승려 (약병을 바닥에 내려놓는다.)

네릿서 (약병을 받아 슬쩍 발라본다.) 오, 오오. 흐아아, 이거 시원하네요. (심호흡하며) 스읍-하. 스읍-하. 한결 낫네요.

승려 (본인도 놀란 듯) 효과가 있으십니까?

네릿서 네.
승려 (본인도 놀란 표정) 호오… 그럼 이건 통과.
네릿서 …저게 다 약이에요? 직접 만드신 건가?
승려 대지 위에 뛰어난 효험을 가진 것이 많고, 모든 초목이 각자 다른 효험을 가졌습니다. 저는 중생들을 위해 그 효험을 잠시 빌린 것뿐이구요.
네릿서 본인이 다 만드셨다는 것 같은데, 겸손하게도 말씀하시네요.
승려 그것이 저의 미덕이지요. (씨익 웃어 보이는)
네릿서 (잠깐 고민하다) 베로나 분이 아닌 것은 확실하고, 수행을 하신다면 수도승이신가요?
승려 수도승은 아니고… (속삭이며) 제가 출가한 곳은 이곳에서 동쪽으로 멀리 떨어진 곳입니다. 부처님의 깨달음을 얻기 위해 길을 가다 보니, 여기까지 오게 되었구요.
네릿서 부처님? 부처님이 누구죠?
승려 인간 세상의 괴로움을 모두 초월하신 분이죠.

네릿서　초월? (번뜩) 뭐야. 그럼 하나님 말고 또 다른 신이 있다는 얘기예요? 그건 이교도들이나,

승려　(끊으며, 진정시키듯) 아, 부처님은 신이 아닙니다. 그저 깨달음을 얻은 성자일 뿐이죠.

네릿서　성자라면… 그럼 부처님도 하나님의 아들인가요?

승려　하하하. 부처님도 인간이니 교회의 눈으로 보면 그럴지도 모르죠. 이것 참. 어떻게 설명을 드려야 할지.

네릿서　(호기심이 생긴다.) 신도 아닌 인간이 세상의 괴로움에서 벗어났다고요? 어떻게 그럴 수가 있단 말이에요?

승려　(물끄러미, 내가 그걸 어떻게 아냐는 표정) 그것을 찾기 위해서 제가 수행하는 것 아니겠습니까.

네릿서　그럼, 저기, 저, 제가 뭐라고 불러야…

승려　(혼자 뿌듯한) 뭐, 스님이라고 부르시면, 뭐, 하하하.

네릿서　스- 님? 희한한 호칭이네요.

승려   (혼자 괜히 쑥스럽다.) 제가 깨달음을 얻었
        다고 스스로 말하기는 좀 그렇지만…
네릿서 그럼 스님께선 괴로움에 빠진 인간들을 도
        와주시기도 하나요?
승려   뭐, 괴로움에 빠진 중생을 구제하는 것이
        부처님의 뜻이지요.
네릿서 그 부처님이라는 분 참 좋은 사람이네요.
        아주 훌륭한 뜻을 가지셨어.
승려   제 말이 그 말입니다.
네릿서 근데 그 부처님이 구제하라는 괴로움은 그
        게 어떤 괴로움이라도 상관이 없는 거예
        요?
승려   남을 해하거나 거짓말을 하거나 탐욕하지
        않는 일이라면요.
네릿서 (진짜 궁금하다.) 여자와 여자가 사랑하는
        것은 남을 해하거나 거짓말하거나 탐욕하
        는 일인가요?
승려   부처님은 출가한 자들의 성행위를 금하라
        하셨고, 결혼한 자들이 간음하는 것을 금하
        라 하셨지만 성별이 같은 사람의 사랑을 금

　　　　　　한 적은 없는 것으로 압니다만.
　네릿서　(네릿서의 표정이 밝아진다.) 정말이에요?
　　　　　그 부처님이라는 사람이 그렇게 말씀하셨
　　　　　어요?
　승려　　부처님의 율장에 보면…

승려가 부처님의 율장을 펼치고 암송을 하면 무대는 승려의 작은 법당이 된다. 가운데에 승려가 있고, 로미오와 네릿서가 서 있다. 진지한 모습으로 승려가 향에 불을 붙인다. 결혼식을 준비하는 동안 노래처럼 염불을 외는 승려.

　승려　　하늘 아래 자격 없는 사랑이 없고 땅 위에
　　　　　차별받아야 할 생명이 없습니다.
　　　　　오늘 이곳에서 두 명의 여인이 부부의 연을
　　　　　맺고자 합니다.
　　　　　부디 부처님의 자비로 두 사람의 결혼식을
　　　　　축복해주소서.

두 줄리엣이 승려의 앞에 선다. 세 번 절을 하고 결혼식을 주례하는 승려.

승려 부처님께 아뢰나이다. 하늘에 달이 밝고 땅 위에 물이 맑으면 물 있는 곳마다 달이 비추듯 우리들 마음이 맑으면 부처님은 언제나 우리와 함께하신다 말씀하셨습니다. 오늘 청정한 몸과 마음으로 이 자리에 선 줄리엣 몬테규와 줄리엣 캐플렛은 깊은 사랑과 보살핌으로 부부 되기를 부처님께 서원하오니 위없는 자비 광명을 드리워 주옵소서.

두 줄리엣, 불단에 헌화한다.

승려 두 신부는 마음을 한데 모아 악행을 하지 않고 선행을 받들어 행하고 가정을 화목하게 하겠다는 백 년의 혼약에 굳은 신념을 가지고 맹세합니까?
줄리엣C (줄리엣M을 바라보며) 맹세합니다.
줄리엣M (줄리엣C를 바라보며) 맹세합니다.
승려 두 사람의 혼인이 이루어진 것을 여러분 앞에 선언합니다.

박수를 치는 네릿서와 로미오. 줄리엣M이 눈짓하면 로미오가 반지를 건네준다.

줄리엣M   영원한 사랑을 약속해요. (반지 안의 글귀를 읽는다.) 캐플렛과 몬테규.

줄리엣C에게 반지를 끼워주는 줄리엣M. 줄리엣C가 눈짓하면 역시 네릿서가 반지를 건네준다.

줄리엣C   나의 온 마음을 담아 맹세해요. (반지 안의 글귀를 읽는다.) 줄리엣과 줄리엣.

줄리엣M에게 반지를 끼워주는 줄리엣C. 두 손을 맞잡는 두 줄리엣.

6장

몬테규의 정원. 종이에다 무언가 계획을 짜고 있는 줄리엣M. 로미오가 들어온다.

로미오   날씨가 이렇게 좋은데 오늘은 어쩐 일로 집에 있네. (놀리듯) 당연히 누나의 신부를 만나러 간 줄 알았는데.

줄리엣M   함께 있지 않으면 견딜 수 없는 사람을 영원히 곁에 두기 위해서 계획하고 있지.

로미오   뭐?

줄리엣M   얘기했잖아. 줄리엣과 같이 살 집을 구하고 있다고. 영원을 약속했으니 약속 위에 세워진 집이 필요하지 않겠어? (진지한) 패리스 백작이 청혼을 해오면 줄리엣은 피할 수 없을 거야. 그 전에 반드시 우리의 집이 있어야 해. 지금 작은 농가를 알아보고 있는데,

로미오   (말 끊으며) 누나. 진짜 도망갈 거야?

줄리엣M   도망이 아니야. 이건 말하자면 독립이야.

로미오   (마음에 있는 말이 툭 튀어 나온다.) 말도 안 돼.

줄리엣M   말이 안 되다니?

로미오   (줄리엣M의 손을 잡으며) 누나. 내가 누나를 사랑하는 거 알지? 누구보다 아끼고 이해하는 것도 알지?

줄리엣M   그랬었지.

로미오   누나가 누구를 사랑하는지 나는 상관없어. 오히려 축복했지.

줄리엣M   그래, 로미오. 그랬었어.

로미오   결혼식도 그래. 누나의 꿈이니까, 사람들이 뭐라고 생각하든 누나가 원하는 거니까 당연히 서약의 증인이 될 수 있었어.

줄리엣M   그래. 니가 원한 것은 아니었겠지.

로미오   오해하지 말고 들어. 누나 마음이 가는 길은 막을 생각이 없지만 그걸 행동에 옮긴다면 이건 얘기가 달라져.

줄리엣M   결혼은 행동이 아니야?

로미오   그거야, 우리끼리, 정체도 알 수 없는 사람 앞에서 한 결혼식이었잖아.

줄리엣M   함부로 말하지 마.

로미오   함부로 얘기하는 거 아냐. 진실을 얘기하는 거지.

줄리엣M   어떤 진실?

로미오   (정색하며) 누나의 꿈이 모두 이루어질 수는 없다는 진실.

줄리엣M   …뭐 때문에? 다른 사람들의 눈 때문에? 다른 사람들의 입 때문에?

로미오   다른 사람들이 알게 되면 어떻게 되는지 알고 있잖아.

줄리엣M   그래서 우리만의 집을 갖겠다잖아.

로미오   그건 그냥 도망치는 것뿐이야.

줄리엣M   도망이 아니야. 우리가 믿는 세상을 만드는 거지.

로미오   억지 부리지 마! 평생 숨어서 살면 누나한테 남는 건 뭐가 있는데?

줄리엣M   줄리엣.

로미오   그러다 그 사람 마음이 변하면?

줄리엣M   줄리엣은 변하지 않아. 그리고 줄리엣이 떠나도 내가 남아. 그 사랑을 지킨 나는 남는 거야.

로미오   고집 부리지 마, 누나. 상처만 받을 거야.

줄리엣M   상처받지 않으려고, 비난받지 않으려고, 사람들 앞에서 거짓말을 하는 건 뭐가 달라?

로미오 …

줄리엣M …사람들과 함께 어울리기 위해서 나를 감춰라. (보며) 나는 이미 그렇게 살아왔잖아.

로미오 누나…

줄리엣M 다른 사람들하고 같은 척. 내가 원하는 걸 모르는 척. 니가 아닌 다른 사람들 앞에서 아주 오랫동안 들킬까 봐 숨도 제대로 못 쉬었다는 거, 너도 알잖아.

로미오 그래, 내가 있잖아. 그러니까 조금만 더 버티면 안 돼? 내가 누나 지켜줄게.

줄리엣M (잠깐 사이) 로미오, 넌 결혼을 상상해 본 적이 있어?

로미오 어…?

줄리엣M 니 결혼식 말이야. 상상해본 적 있어?

로미오 있지.

줄리엣M 언제부터?

로미오 글쎄, 처음 생각해본 건 일곱 살?

줄리엣M 일곱 살? (웃으며) 신부는 비올라였겠네.

로미오 (웃으며) 그땐 그랬지.

줄리엣M   꽃이 만발한 화창한 봄날에?

로미오   뭐, 아무래도 그렇다면 좋겠지?

줄리엣M   아름다울 거야, 너의 결혼식은. 그런데 로미오, 나는 결혼을 상상해본 적이 없어. 아주 어렸을 때부터 그냥 그렇게 믿었거든, 너처럼. 나 같은 사람은 결혼을 할 수가 없을 거라고. 만약 억지로 결혼을 하게 된다면 그 지옥에서 어떻게 빠져나올 수가 있을까 하는 게 내 상상의 전부였어.

로미오   누나…

줄리엣M   그런데, 줄리엣을 만나고 처음으로 꿈을 꿀 수 있게 된 거야. 내가 사랑하는 사람과 함께 보내는 미래를. 그 소중한 꿈을 두려움이 쥐고 흔들기도 해. 하루에도 몇 번씩. 그럴 때는 로미오, 너무 너무 무서워. 모든 게 깨져버릴까 봐. 하지만 나는 처음으로 용기를 내보려는 거야. 너는 사람들이 부러워하는 결혼을 하고 아이도 낳을 거야. 니가 누군가를 사랑한다는 사실만으로도 온 세상의 축복을 받을 거야. 하지만 나는 아니야.

내 사랑은 축복받을 수 없어. 나도 알아. 하지만 그렇다고 내가 내 사랑을 포기해야 하니?

로미오   사랑을 포기하란 말이 아니잖아. 그냥, 그냥, 모든 걸 다 가질 수는 없단 말이야. 어떤 사람도 모든 걸 다 가지진 못 해.

줄리엣M   영리한 내 동생. 니가 말하는 건 나를 위한 게 아니야.

로미오   (답답한) 누나를 나보다 아끼는 사람은 없어! 제발 고집 부리지 마!

줄리엣M   날 아끼지 않아도 돼. 나를 있는 그대로 보기만 해. 억지로 이해하려고 할 필요 없어.

로미오   억지가 아니야. 누나 마음 다 이해한다니까? 누나는 지금 사랑에 눈이 멀어서 아무것도 못 보고 있어.

줄리엣M   로미오. 난 지금보다 더 분명히 세상을 바라본 적이 없어.

티볼트, 소리를 내며 들어온다.

티볼트 줄리엣! 줄리엣! (줄리엣M을 발견한다.) 여기 있었네.

줄리엣M 안녕하세요. 티볼트, 여기엔 어쩐 일로…

티볼트 (숨을 고르며) 내 여린 동생의 이름을 불렀는데 다른 사람이 대답을 하니 기분이 이상하군.

줄리엣M 글쎄요, 제가 아는 줄리엣은 여리기만 한 사람은 아닌데요.

티볼트 (발끈하는) 여리고 순종적이었지! 거역을 모르는 아이였어.

줄리엣M 모르던 것을 알게 되었다니 축하할 일이네요.

티볼트 (약이 오르는) 지금 나랑 말장난 하는 거야?

로미오 (둘 사이의 긴장을 깨며) 안녕하세요, 저는 로미오 몬테규라고,

티볼트 (끊으며 줄리엣M에게) 나는 지금 믿을 수 없는 무언가를 확인하러 왔어. 입에 담기도 싫은 일을 말이야.

로미오 (당황한) 여기서 이러지 마시고,

줄리엣M (부드럽게) 확인하려는 게 뭐죠?

티볼트 우리 줄리엣은 청혼을 받을 예정이었어. 패리스 백작이라는 아주 훌륭한 청년에게. 그래서 우리는 두 사람을 위해 무도회를 열었고, 줄리엣이 그 청년에게 반하지 않을 이유는 없었어. 무도회가 끝나고 난 줄리엣이 백작을 사랑하게 됐다고 확신했어. 비밀이 생긴 여자의 얼굴은 사랑에 빠졌다는 증거거든.

줄리엣M 잘 알죠.

티볼트 그런데 줄리엣은 이상하게 계속 백작과의 만남을 피했어. 그러더니, 어제 저녁 백작과는 절대 결혼하지 않겠다고 하더군. 어머니는 생전 처음으로 줄리엣에게 화를 냈고. 그런데도 뜻을 굽히지 않았어. 이상했어. 그건 내 동생의 모습이 아니었거든. 내 동생은 거절을 모르는 아이니까!

줄리엣M …

티볼트 도대체 누가! 내 동생을 이렇게 바꿔놨을까. 생각을 되짚어 봤지. 그날 이후로 줄리엣이 새롭게 만난 사람이 누가 있을까. 급

작스럽게 가까워진 사람이 누가 있을까. 아무리 생각해도 당신밖에 떠오르지 않았어. 그래. 어리고 멍청한 내 동생이 어떤 독사 같은 년을 만나고 나서 생각이 바뀐 게 분명했어.

줄리엣M   줄리엣은 멍청하지 않아!
티볼트   내 말 안 끝났어! 난 줄리엣을 설득하러 방에 찾아갔어. 그런데, 줄리엣의 손에 내가 한 번도 보지 못한 것이 있더군.

주머니에서 반지를 꺼내는 티볼트. 로미오와 줄리엣M, 당황한다.

티볼트   (반지를 들어 안을 살핀다.) 캐플릿과 몬테규…? 내가 이 반지가 뭐냐고 물어도 줄리엣은 대답하지 않았어. 그저 울기만 했지.
줄리엣M   …
티볼트   나는 지금 이런 생각을 하고 있는 것 자체가 고통스러워. 문장을 지어 입에서 내뱉기도 싫어. 이 모든 것이 내 망상에서 빚어진 결론이라고 기도하는 심정으로 단 한 번만 묻겠다. 이 반지를 준 게 너야?

줄리엣M   …

티볼트   (다가가며) 니가 어떤 대답을 하느냐에 따라 니 목숨이 달려 있어.

줄리엣M, 두려움이 밀려온다. 몸이 덜덜 떨리는 것을 이기고 대답을 하려는 찰나,

로미오   용서하세요. 그 반지를 준 건 접니다.
줄리엣M   로미오!
티볼트   뭐라고?
로미오   그 반지의 몬테규는 바로 제 이름이에요.
티볼트   …?
로미오   (매그럽게 거짓말을 한다. 어리숙하고 숫기 없는 남자애처럼) 그날 무도회에서 줄리엣을 처음 보고 한눈에 반했거든요. 하지만 저는 줄리엣보다 나이도 어리고, 용기도 없어서 누나에게 제 사랑을 대신 전해달라고 부탁했어요. 그렇지, 누나?

줄리엣M (로미오를 보는) …

티볼트 정말이야…?

로미오 그럼요. 누나를 통해서 전 줄리엣을 만날 수 있었고, 저희는 사랑에 빠졌습니다. 하지만 그 유명한 패리스 백작이 청혼을 하려 한다니, 도저히 자신이 없었어요. 저는 아직 이룬 것이 없는 소년에 불과하니까요. (힘주어) 하지만 줄리엣을 사랑하는 마음만은 누구에게도 지지 않아요! 다행히 줄리엣이 제 마음을 받아주었고, 우리는 몰래 사랑을 맹세하게 되었습니다.

티볼트 (조금 어리둥절하지만 화가 누그러진다.) 그랬단 말이지?

줄리엣M …

로미오 네! 그런데 그 반지가 이런 오해를 불러일으킬 줄은 꿈에도 몰랐네요. 그 반지를 누나가 줬다고 생각하시다니, 어떻게 그런 생각을… 하하하.

티볼트 (민망한 듯 따라 웃으며) 하하하. 그럼 그렇지. 내가 말도 안 되는 생각을 했어. 로미오라고 했던가?
로미오 네, 로미오 몬테규입니다.
티볼트 (짐짓 혼내듯) 아무리 그래도 그렇지, 몰래 내 동생을 빼내서 결혼을 할 생각을 해?
로미오 그러지 않고서는 줄리엣을 가질 수 없다고 생각하니 참을 수가 없었어요.
티볼트 (어깨동무를 하며) 용기는 부족하지만 남자의 심장을 가졌군. 참, 줄리엣도. 진작 나한테 얘기했으면 내가 잘 도와줬을 텐데. 난 그 애가 원하는 거면 뭐든지 다 해줄 수 있는 오빠거든.
로미오 말씀 많이 들었습니다.
티볼트 로미오. 난 사랑의 편이야. 낭만을 믿는다고. 일이 이렇게 되었으니 내가 어머님을 잘 설득해보겠어.
로미오 (눈치를 보며) 감사합니다.
티볼트 나는 무슨 말도 안 되는 생각을 한 건지. 하하하. 아, 이거 민망해서.
로미오 (웃으며) 전 꿈에도 상상하지 못한 일인데, 상상력이 참 풍부하신 것 같네요.

티볼트   나도 참, 이런 상상을 한 것만으로도 고해
성사가 필요하겠어.

화기애애한 분위기의 로미오와 티볼트. 조금 떨어져서 두 사람의 대화를 듣고 있는 줄리엣M의 마음이 무너진다.
티볼트, 줄리엣M에게 다가온다.

티볼트   (줄리엣M에게 다가가며) 정식으로 사과할게요. 두 어리석은 연인의 다리가 되어주느라 고생하셨습니다. 오해로 비롯된 무례를 용서해주세요.
줄리엣M   용서할 것이 없네요. 로미오가 한 말은 사실이 아니니까.
티볼트   예…?
로미오   (당황하며) 누나!
줄리엣M   고마워, 로미오. 니가 방금 내 영혼의 일부를 죽였어.
티볼트   그게 무슨 말이지?
줄리엣M   내 영리한 동생이 누나를 살리겠다고 지혜

	를 발휘했네요. 그것이 누나의 목숨을 살리고 영혼을 죽이는 일인지 모르고. 그 반지를 준 건 나예요.
티볼트	무슨 소리야, 지금?
줄리엣M	줄리엣과 영원한 사랑을 맹세하고 반지를 준 건 나라고요. (자신의 손에 낀 반지를 들어 보이며) 줄리엣과 줄리엣. 이건 줄리엣이 제게 준 반지구요.
티볼트	(줄리엣의 손에 끼워진 반지를 뺏어 확인한다.)
로미오	(줄리엣M을 말리며) 누나, 미쳤어?
줄리엣M	그만해! 로미오. 나를 더 이상 비참하게 만들지 마.
로미오	…
티볼트	이 더러운…
줄리엣M	당신에겐 상상도 할 수 없는 더러운 일일지 모르겠지만 나에게는 가장 고결한 일이에요. 줄리엣과 나는 사랑을 하고 있고 영원을 맹세했어요.
티볼트	닥쳐!

티볼트, 줄리엣M에게 달려든다. 로미오가 필사적으로 티볼트를 막아낸다.

로미오 그만하세요!

티볼트 (로미오를 밀어내며) 저 독사 같은 년이 감히 내 동생을,

로미오 (티볼트를 막아서며) 제발 그만하세요. 사랑하는 감정이야 어쩔 수 없잖아요!

티볼트 사랑이라니, 정신이 나간 건가? 여자들끼리 그딴 짓을 하는 게 말이 된다고 생각해?

줄리엣M 당신이 하는 사랑과 똑같은 사랑이야!

티볼트 말 같지도 않은 소리 집어치워! (숨을 고르고) 지멋대로 놀리는 니 혀를 자르고 싶지만 내 손을 더럽힐 수 없지. (차갑게) 넌 베로나에서 영원히 추방이야.

로미오 티볼트!

티볼트 동성애를 퍼뜨리는 더러운 년이 이 도시에서 살아갈 수 있을 거라고 생각해? 이 베로나는 교회법을 따른다는 거 몰라?

로미오 그럼 당신 동생은?

티볼트   어디 감히 내 동생을. 내 동생은 저 악마 같은 년에게 꼬임을 받은 불쌍한 피해자일 뿐이야! 하지만 악마의 씨앗과도 같은 줄리엣 몬테규는 추방당할 거야. 영주님의 이름으로. (줄리엣M을 보며) 추악한 것.

티볼트 나간다.

로미오   왜 그랬어, 누나…
줄리엣M   (로미오를 바라보는) 그럼 내가 어떻게 했어야 했어? 니 거짓말 뒤에 숨어서 목숨을 구해야 했어? 니 거짓 사랑이 축복받는 동안 베로나에 살게 되는 것에 감사해야 했어?
로미오   누나…
줄리엣M   어차피 떠나버릴 거였으니까 상관없어.
로미오   누나, 제발! (무릎을 붙들며) 누나를 바라보는 가족도 생각해주면 안 돼?
줄리엣M   (로미오를 안으며) 누나가 다른 모양이어서 미안해. 내 사랑이 너에게 고통이 되게 해서 미안해.

로미오 아니야, 누나. 그렇게 말하지 마.

줄리엣M 하지만 난 내 모습을 감추면서 살 수는 없어. 미안해.

로미오 미안해. 미안해, 누나.

줄리엣M 괜찮아, 로미오. (사이) 마지막으로 부탁 하나만 할게. 베로나를 떠나기 전에 줄리엣을 만날 수 있게 도와줘.

7장

줄리엣C의 방. 애타게 서로를 안는 두 사람.

줄리엣C 괜찮아? 오빠가 심하게 했지. 이제 어떡해. 추방이라니. 다 나 때문이야. 미안해.

줄리엣M 미안해하지 마. 니 잘못 아니야. 우리 잘못이 아니야.

줄리엣C 너 혼자 거기 보낼 순 없어. 추방당한다면 나도 똑같이 가야지.

줄리엣M (막으며) 줄리엣. 너까지 추방당하면 우리 정말 영영 못 만날지도 몰라. 우릴 같은 곳으로 보낼 리가 없잖아. 감시하는 눈도 두 배가 될 거고.

줄리엣C 그럼 어떡해. 너랑 이대로 헤어질 순 없어.

줄리엣M (웃으며) 이대로 헤어질 수는 없지. (줄리엣C를 붙잡고) 우리는 약속대로 우리의 집으로 갈 거야.

줄리엣C …?

줄리엣M (잊었냐는 듯) 집을 알아본다고 했잖아.

줄리엣C 찾았어?

줄리엣M (끄덕인다.)

줄리엣C   (기뻐하며) 정말?

줄리엣M   (더 크게 끄덕인다.)

줄리엣C   (줄리엣M을 껴안는다.)

줄리엣M   아직 확실하진 않아. 값을 완전히 치러야 우리 것이 되겠지만,

줄리엣C   그래도!

줄리엣M   아주 허름한 농가라도 괜찮아? 거미줄이 잔뜩 쳐 있고, 바닥에서는 벌레가 나올 텐데.

줄리엣C   (살짝 찌푸렸다가) 거미줄은 거두고, 벌레가 나오는 구멍을 막아버리면 되지?

줄리엣M   벽도 무너져 있고, 천장에서 물이 샐지도 몰라.

줄리엣C   (잠시 생각) 오늘부터 못질하는 걸 배워야겠다.

줄리엣M   못질을 한다고, 이 손으로?

줄리엣C   왜 못 해? 이 두 손으로 할 수 없는 건 아무것도 없어. 집이 낡았어도 깨끗하게 단장하면 돼. 먼지를 털어내고 바닥도 닦고. (신난) 마당에는 라일락을 심을래. 아! 담장따라 장미를 심으면 도둑이 들어오다 가시에

찔려서 도망가겠다! (잠깐 생각) 우리 집에 담장이 있나?

줄리엣M 이 세상에 있는 나무를 다 심을 수 있게 아주 긴 담장을 만들어줄게.

줄리엣C (웃다가 심각) 나무 심는 것도 배워야겠다.

줄리엣M (웃으며) 배울 게 많네.

줄리엣C 넌 우리 집에 뭐가 있었으면 좋겠어?

줄리엣M 음… 벽난로가 있었으면 좋겠어. 겨울밤에는 그 앞에서 너랑 얘기하다가 니 무릎을 베고 잠들게.

줄리엣C (심각) 장작 패는 것도 배워야겠다.

줄리엣M 너 혼자 다 할 거야?

줄리엣C (쓰다듬으며) 내가 다 배워서 너한테 가르쳐줘야지. 우리 집이니까 우리가 같이 만들어야 되잖아.

줄리엣M (바라보다) 니가 나의 집이야.

줄리엣C (바라본다.)

줄리엣M (손에 입을 맞추며) 내 울타리 (팔에 입을 맞추며) 나의 정원 (목에 입을 맞추며) 아주 따뜻한 (끌어안는) 나의 침대.

줄리엣C 이상해. 니가 옆에 없을 땐 내 몸이 다 죽어 버린 것 같았는데 니가 나를 만지니까 다시 살아나는 것 같아.

마주보는 두 사람. 입 맞춘다. 두 줄리엣, 사랑을 나눈다. 두 줄리엣이 처음 보내는 밤이다. 날이 밝는다. 종달새 소리가 들린다. 눈을 뜨는 줄리엣M. 줄리엣C의 이마에 입을 맞추고 나갈 준비를 한다.

줄리엣C (잠에서 덜 깬) 벌써 가려고? 날이 밝으려면 아직 멀었는데.
줄리엣M 가야 해, 날이 밝았어. 종달새가 울잖아.
줄리엣C (줄리엣에게 매달리며) 아니야, 저 소리는 나이팅게일이잖아. 쟤는 밤마다 저기 저 석류나무에서 울어.
줄리엣M 나이팅게일이 아니라 종달새야. 저 동쪽 하늘에 빛줄기가 보이지? 이제 곧 저 빛줄기가 방 안을 다 비출 거야.
줄리엣C (안기며) 저 빛은 햇빛이 아니야, 밤을 밝히는 횃불이야. 그러니까 좀 더 있어, 응?

줄리엣M   (녹는다.) 그래! 잡혀도 좋고, 죽어도 좋아. 니가 밤이라면 밤이니까. (줄리엣을 안고 눕는다.)

줄리엣C   (잠에서 깨며 정신이 번뜩 든다.) 아침이야. 아침이야, 줄리엣. 어서 가야 해.

줄리엣M   (웃으며) 조금 더 있으라며. 나 계속 니 옆에 있을 거야. (껴안는다.)

줄리엣C   (떼어내며 서두르는) 종달새가 저렇게 시끄럽게 떠들잖아. 곧 모두들 깰 거야, 어서.

네릿서, 들어온다.

네릿서   아가씨, 조심하세요. 곧 마님께서 올라오실 거예요.

줄리엣C   알겠어.

줄리엣M   고마워, 네릿서.

네릿서, 나간다.

줄리엣C   우리 다시 만날 수 있겠지?

줄리엣M   아직 모든 게 확실하진 않지만 로미오가 도와줄 테니까 조금만 기다려줘. 내가 만튜아를 벗어나서 우리 집에 도착하면,
줄리엣C   (감격한 듯 따라하는) 우리의 집!
줄리엣M   응, 우리 집에 도착하면 그때 다시 소식을 줄게. 그때까지 조금만 버텨줘.
줄리엣C   힘을 내고 있을게, 줄리엣. 너도 거기서 조금만 버텨줘.
줄리엣M   (손에 입 맞추며) 안녕, 내 사랑.

줄리엣M 나간다.

줄리엣C   (홀로 남아) 안녕, 나의 줄리엣. (두 손을 내려다보며) 이거 봐. 다시 죽어버리는 것 같아.

네릿서와 캐플렛, 티볼트가 들어온다.

네릿서   아가씨, 아가씨.
캐플렛   잘 잤니? 줄리엣.

줄리엣C   이렇게 아침 일찍 무슨 일이에요?

캐플렛   새 아침에 어울리는 새 소식을 전하러 왔지.

줄리엣C   어떤 소식이요?

캐플렛   돌아오는 목요일 아침에 젊고 용감한 패리스 백작이 성 베드로 성당에서 널 행복한 신부로 맞이하기로 했단다!

줄리엣C   네? 어머니, 하지만 말씀드렸잖아요.

캐플렛   (달래며) 줄리엣. 그렇게 겁먹을 거 없어요. 누구나 처음에는 결혼이라는 새 세상으로 나아가는 게 두렵지만,

줄리엣C   (단호한) 아니에요. 저 더 이상 겁나지 않아요.

캐플렛   역시 그럴 줄 알았다. 그렇다면 이 기쁜 소식을 어서,

줄리엣C   전 그곳에서 그분과 결혼하지 않을 거예요.

캐플렛   뭐?

줄리엣C   제가 분명히 말씀드렸잖아요. 그런데도 이렇게 강요를 하는 이유를 모르겠어요.

티볼트   줄리엣! 널 위해 고르고 고른 남자야. 고마워하지는 못할망정 언제까지 어리광을 부

	릴 거야? 너한테는 분에 넘치는 선물이야.
줄리엣C	분에 넘치는 선물 같은 건 바라지 않아.
티볼트	줄리엣!
캐플렛	(티볼트를 저지하며) 티볼트, 그만해. 줄리엣, 너 계속 이러는 이유가 뭐니? 니가 이렇게 싫어한다면 이유가 있겠지. 응? 엄마한테 말해봐.
줄리엣C	…
캐플렛	우리 딸이 엄마한테 못 할 말이 어디 있어. 응? 어서.
줄리엣C	엄마, 저는.
티볼트	그만둬.
줄리엣C	사랑하는 엄마. 받아들이기 힘드시겠지만,
티볼트	줄리엣!
캐플렛	티볼트, 그만. (줄리엣C를 돌아보며) 말해봐.
줄리엣C	(마음을 먹고 차분히) 저는… 사랑하는 사람이 있어요.
캐플렛	(당황하는) 그래?
줄리엣C	그리고 그 사람과 영원히 사랑하겠다고 맹

세했어요.

캐플렛　(당황하여 웃음이 나온다.) 하하하. 우리 딸, 굉장히 용감하구나.

줄리엣C　엄마, 저는 그 사람과의 약속을 꼭 지켜야 해요.

캐플렛　그런 일이 있었으면 엄마한테 미리 말을 하지 그랬어. 엄만 상상조차 못 했구나. 그래, 그 남자가 누구야. 니가 좋다는 사람을 엄마가 만나는 봐야 될 거 아니니.

줄리엣C　(잠시 주저하다 마음을 먹고) 엄마, 그 사람은, 제가 사랑하는 사람은,

티볼트　줄리엣!

줄리엣C　여자예요.

잠깐의 침묵. 티볼트 포기했다는 듯 돌아선다.

캐플렛　(받아들이기 힘들다.) 그게 무슨 말이니?

줄리엣C　…저는 여자를 사랑해요.

캐플렛　(한동안 얼어 있다.) 그게 무슨… 티볼트, 애가 지금 무슨 소릴 하는 거니?

티볼트   (말이 없다.)
캐플렛   나, 원, 별 소릴 다 듣겠다. 농담하는 거니, 줄리엣?
줄리엣C …
캐플렛   여자를 사랑하다니. 줄리엣, 세상에 그런 일은 일어날 수가 없어요. 그래, 뭐, 내가 그래, 그런 사람들도 있다는 얘기를 예전에 들은 적이 있긴 한 것 같아. (쓰다듬으며) 그런데 줄리엣, 너는 아냐. 니가 그럴 리가 없잖아.
줄리엣C …
캐플렛   (줄리엣의 반응을 살피다.) 친한 친구가 생겼나 보다, 니가. 그렇지? 아주 친한 친구가 생긴 거야, 니가. 그 친구를 두고 결혼하는 게 미안한 거야? 그래, 그럴 수 있지. 하지만 그 친구도 곧 남자를 만나게 되면 달라질 거야. 어린 시절 우정이라는 것이 원래 그래.
줄리엣C 친구가 아니에요. 그 사람은,
티볼트   입 다물어, 줄리엣!

캐플렛   친구가 아니라니. 친구가 아니면 뭐란 말이야? (다시 부정하는) 무슨 헛소리를 이렇게… 아무래도 니가 정신 차릴 시간이 필요한가 보다. (나가려는 캐플렛)
줄리엣C   헛소리가 아니에요. 오빠도 다 알고 있는 사실이라구요.
티볼트   줄리엣!

캐플렛, 티볼트를 바라본다. 차마 어머니를 바라보지 못하는 티볼트. 티볼트에게 다가가는 캐플렛.

캐플렛   (티볼트를 바라보며) …정말이니?
티볼트   (대답하지 못하고 고개를 돌린다.)
캐플렛   (점점 상황을 받아들이며) 이게 무슨… 니가 어떻게… 이럴 수는 없다. 이럴 수는 없어.
줄리엣C   어머니…
캐플렛   …내가 너를 어떻게 키웠는데! 말도 안 된다. 이건 말도 안 돼!

줄리엣C 하지만, 그래요. 그게 사실이에요.

캐플렛 (태도가 바뀌며) 그래서 뭘 어쩌겠다는 거야? 그냥 그대로 살겠다는 거야?

줄리엣C …

캐플렛 몸을 단장해, 줄리엣. 목요일에 성당에 갈 수 있게!

줄리엣C 저는 그 사람과 결혼할 수 없어요!

캐플렛 (울먹이며) 니가 어떻게 나한테 이럴 수가 있어. 줄리엣. 제발 마음을 고쳐먹어. 노력이라도 해봐야 하는 거 아니니?

줄리엣C 이건 노력으로 되는 일이 아니에요.

캐플렛 (언성을 높이며) 노력으로 안 되는 일이 어딨어?

줄리엣C …

캐플렛 태양빛에 눈을 뜨고 달빛에 눈을 감을 때까지 나는 니 생각만 했어. 어떻게 하면 내 딸이 행복해질 수 있는지 그것만 생각했다고. 그런데 도대체 뭐가 부족했던 거니? 내가 뭘 잘못 했길래 니가 이렇게 된 거야? 응?

줄리엣C 누구의 잘못도 아니에요. 이건 누가 잘못해서 일어나는 일이 아니라구,

캐플렛 (말 끊으며, 줄리엣C의 얼굴을 붙잡고) 줄리엣. 아니지? 아니라고 말해줘. 엄마 곁을 떠나기 싫어서 거짓말한 거라고 말해줘. 사랑하는 내 딸이 그럴 리가 없잖아. 그렇지?

줄리엣C …엄마, 저는,

캐플렛 (끝까지 듣지 않고) 됐다. 목요일이 금방이니 잘 생각해. 니가 정말 내 딸이라면 그날이 너의 결혼식 날이고, 결혼을 하지 않겠다면, 너는 내 딸이 아니다.

캐플렛 나간다.

줄리엣C 오빠, 제발. 결혼식을 한 달만이라도, 일주일만이라도 미룰 수 있게 도와줘.

티볼트 (떼어내며 줄리엣의 어깨를 잡고) 정신 차려, 줄리엣. 넌 지금 제정신이 아니야. 내 동생을 이대로 둔다면 내 자신을 용서할 수 없을 거야. 정말 너를 사랑하는 건, 우리야.

줄리엣C   오빠… 나 미치지 않았어.

티볼트   …

줄리엣C   오빠, 나는,

티볼트   그만!

줄리엣C   (단호해진다.) 오빠가 외면해도 소용없어. 나는 미치지 않았어. 나는 내가 누군지 알아.

티볼트   (애절하게) 줄리엣, 제발 내가 너를 증오하지 않게 도와줘.

줄리엣C   …

티볼트   목요일이야. 그 전까지 얌전히 있어.

티볼트 나간다.

줄리엣C   어머니가 부정하는 딸, 오빠가 증오하는 동생. 그게 내 이름이야, 네릿서?

네릿서   아가씨…

줄리엣C   아니지? 아니지, 네릿서? 나 이제 어떡해? 뭐라고 말 좀 해봐, 내가 힘을 낼 수 있게.

네릿서   (단호하게) 아가씨, 아가씨가 낼 힘은 다

한 것 같아요.

줄리엣C (작게 놀라는) 뭐라고?

네릿서 백작님과 결혼을 하세요. 몬테규 아가씨는 이미 추방당했잖아요. 두 분이서 도망을 쳐서 어떻게 산다는 거예요?

줄리엣C 네릿서…

네릿서 세상이 다 허락하는 사랑도 바람 앞에 촛불처럼 꺼져버리는데. (줄리엣의 무릎을 붙잡고, 울먹이며) 보통 사람들과 다르게 산다는 게 어떤 건지 모르시는 거예요. 세상의 뜻을 거스르는 게 얼마나 고통스러운데요.

줄리엣C 진심이야?

네릿서 진심이고 진실이에요. 아가씨를 가시밭길에 버려둘 수는 없어요.

줄리엣C (뜨거운 울음이 차갑게 가라앉는다.) 언니 같은 나의 네릿서. 니 말을 들으니 정신이 드는 것 같아. 그래, 나도 마음을 새로 먹을게. 오빠랑 어머니께 화나게 해드린 것 참회한다고, 죄를 씻으러 로렌스 신부님께 다녀오겠다고 전해줘.

네릿서   (줄리엣C를 안으며) 잘 생각하셨어요, 아
         가씨. 마음 단단히 먹으세요.
줄리엣C   (힘없이 웃으며 고개를 끄덕인다.)

네릿서 퇴장.

줄리엣C   내 영혼을 알아봐 주는 것은 세상에 오직
         한 사람뿐이구나. 언니 같은 네릿서도, 듬
         직한 오빠도, 다정한 엄마도, 아무도 나를
         몰라. 하지만 내가 나인 것을 저버릴 순 없
         어. 어떻게든 줄리엣의 곁에 갈 수 있는 방
         법을 찾아야 해.

8장

무대의 한편, 만튜아에서 홀로 고민하고 있는 줄리엣 M. 줄리엣M은 자신을 보호할 칼을 닦고 품속에 칼을 숨긴다.
또 다른 무대의 한편, 승려의 법당.

줄리엣C   스님. 제발, 저는 이제 희망도, 구원도, 방법도 없어요. 제발 저를 도와주세요.

승려   목요일이라구요.

줄리엣C   그래요. 그 전에 제가 줄리엣이 있는 만튜아로 간다고 해도 사람들이 금방 우리를 찾아낼 거예요. 그렇게 되면 그 사람들은 우릴 죽여버릴지도 몰라요.

승려   흠…

줄리엣C   제가 어떻게 해야 할까요? 무슨 방법이 없을까요?

승려   우선 집으로 돌아가세요.

줄리엣C   스님!

승려   그리고 밝은 얼굴로 그 남자분과 결혼하겠다고 말하세요.

줄리엣C   (실망한 얼굴로) 스님도 별수 없으시군요.

(일어선다.)

승려   (걸으며) 내일이 수요일이니 내일 밤에 혼자 잠자리에 드세요. 그 하녀분도 들이지 말고. 그리고 이 물약을 가져가서 침대에 누운 뒤, 모두 마시세요.

줄리엣C, 물약을 받아 줄리엣의 침대로 간다. 줄리엣C가 침대에 앉으면 그 주위를 승려가 돌면서 이야기한다.

승려   이 물약을 드시고 나면 약이 온몸의 혈관을 따라 퍼지면서 싸늘한 졸음이 퍼지고 맥박이 멈출 것입니다. 그리고 나면 체온이 떨어지고 호흡도 멈출 것이고, 죽음이 찾아와 생명의 빛을 차단할 때처럼 눈이 닫히고, 손발이 싸늘하게 굳으며 차디찬 시체처럼 될 것입니다.

줄리엣C   이 약은 독약인가요?

승려   (줄리엣을 바라보며) 그러한 가사 상태는 42시간이 지나면 잠에서 깨어나듯 끝날 것입니다. 그 전에 가족분들은 아가씨를 묘지로 옮기겠죠. 그때 제가 로미오 군을 통해 몬테규 양에게 그 계획을 전달하겠습니다. 몬테규 양은 저와 함께 아가씨가 깰 때까지 기다렸다가, 두 분이서 함께 떠나시면 될 것입니다. (나가며) 용기를 잃으시면 안 돼요.

방에 혼자 남은 줄리엣C. 만튜아에서 홀로 시간을 보내고 있는 줄리엣M.

줄리엣M 어떻게 해서든 우리의 집으로 갈 수 있는 방법을 찾아야 해.
줄리엣C 죽음과 닮은 이 약이 나를, 나의 줄리엣과 함께하게 할 거야.

물약을 마시는 줄리엣C. 줄리엣C 잠이 든다. 줄리엣C의 침대는 그대로 줄리엣C의 관이 된다. 장례식 음악이 들린다.

줄리엣M 그게 무슨 소리야, 줄리엣의 장례식이라니?

줄리엣M 퇴장. 관 주위를 도는 캐플렛, 티볼트, 네릿서. 모두 참회하는 듯, 후회하는 듯, 눈물을 흘리고 있다. 로미오와 승려, 줄리엣M을 찾아 헤맨다. 로미오를 통해 소식을 듣기 전에 줄리엣C의 죽음을 알게 된 줄리엣M. 허겁지겁 들어온다.

줄리엣M 줄리엣, 줄리엣!

줄리엣C 발견하고 천천히 걸어오는 줄리엣M

줄리엣M 사실이 아닐 거라고 생각했는데. (줄리엣C의 얼굴을 만지며 웃는) 아, 예쁘다. 어쩜 너는 죽어서도 이렇게 아름답지? (무너진다.) 보고 싶었어, 줄리엣. 내가 왔어. 나 좀 봐. 내가 너를 죽인 거야? 내 사랑이 네 숨을 빼앗은 거야? 어째서 그랬어. 어째서. (줄리엣C의 품에 얼굴을 묻고 눈물을 흘리다 다시 고개를 들고) 눈아, 마지막으로 줄리엣을 잘 봐. 팔아, 마지막으로 그녀를 안아봐. 그리고 줄리엣의 숨결이 드나들던 입술아, 이것이 우리의 마지막 키스야. (품에서 독약을 꺼내는) 내가 약속했잖아, 절대로 너를 혼자 두지 않는다고. 조금만 기다려. (독약을 마신다.)

줄리엣M의 몸에 약기운이 퍼진다. 줄리엣C가 눈을 뜬다.

줄리엣C   (눈을 뜨며) 아. (줄리엣M을 발견하고 손을 뻗는다.) 내 사랑.
줄리엣M   (숨을 막혀온다.) 아, 아,
줄리엣C   줄리엣, 왜 그래?
줄리엣M   나의 사랑. (줄리엣C의 품에서 숨을 거둔다.)
줄리엣C   줄리엣! 줄리엣. (정신이 없다. 줄리엣M이 죽었다는 것을 믿을 수가 없다. 허겁지겁 눈으로 줄리엣M을 살핀다. 줄리엣M의 손에 있던 독약을 발견한다.) 왜 한 방울도 남기

지 않았어. 왜 한 방울도. 니 입술에 키스할
래, 그럼 너를 따라갈 수 있겠지. (입 맞춘
다.) 아직 따뜻하다. 너무 따뜻해, 줄리엣.

줄리엣M을 안으며 아이처럼 우는 줄리엣C. 줄리엣M
의 품속에 있던 단검을 발견한다.

줄리엣C (작게 웃는다.) 너는 나를 혼자 두지 않아.
그렇지? 너를 따라갈 수 있게 선물을 줬잖
아. 기다려, 곧 따라갈게.

줄리엣C 단검으로 가슴을 찌른다. 쓰러지는 줄리엣C.

암전.

9장

어느 무도회.

사람들이 가면을 쓰고 춤을 추고 있다. 상대는 보이지 않지만 함께 추는 춤을 추는 사람들. 춤을 추며 대화를 한다. 오고가는 소문처럼.

사람1(승려)   그 얘기 들었어? 몬테규가랑 캐플 렛가가 또 싸움을 했대.
사람2(네릿서)   아우, 지긋지긋해.
사람3(로미오)   아니, 근데 그 집안사람들은 왜 서로 못 잡아먹어서 난리래?
사람4(줄리엣M)   예전에 두 집안의 자식들이 서로 사랑을 했대요.
사람5(줄리엣C)   근데 집안 사람들이 반대를 해서, 둘이 죽었대요.
사람1(승려)   아이구, 저런.
사람2(네릿서)   멀쩡한 젊은 남녀가 사랑을 하겠다는데 왜 반대를 했대?
사람6(티볼트)   무슨 이유가 있었겠지.
사람7(캐플렛)   자식을 죽이고 싶었겠어?

사람4(줄리엣M)	내가 듣기론 그 집안의 두 딸이 사랑을 했대요.
사람7(캐플렛)	무슨 그런 말도 안 되는 소릴.
사람6(티볼트)	세상천지에 그런 일이 다 있어?
사람5(줄리엣C)	정말이에요, 두 집안의 아가씨가 서로 사랑했다니까.
사람1(승려)	말도 안 돼. 여자 둘이서, 사랑을?
사람6(티볼트)	그게, 사실이라면 때려죽여도 마땅하네.
사람7(캐플렛)	여자가 둘이 사랑하다니 난 들어본 적이 없는 일인데.
사람3(로미오)	소문이 잘못 난 거 아냐?
사람4(줄리엣M)	정말이라니까요. 캐플렛 집안의 줄리엣이랑 몬테규네 집안의 줄리엣이,
사람2(네릿서)	그 몬테규 집안에 로미오라는 청년이 있지 않았나?
사람3(로미오)	응, 들어본 적 있어.
사람1(승려)	아, 그럼 그 로미오라는 친구랑 줄리엣이란 처자가 둘이 사랑을 한

	거로구만?
사람2(네릿서)	그 편이 말이 되지?
사람5(줄리엣C)	그게 아니라, 몬테규네 집안의 줄리엣이랑,
사람1(승려)	아니, 근데 젊은 처녀, 총각이 사랑하는 데 왜 반대를 했대?
사람7(캐플렛)	뭐, 두 집안이 원수 사이였겠지.
사람4(줄리엣M)	두 집안은 원래 원수 사이가 아니었는데, 그 집 자식들이,
사람1(승려)	그러니까, 원수 사이의 두 집안 자식들이 서로 사랑을 했다는 말이구만, 그 로미오와 줄리엣이.
사람6(티볼트)	그런 거지.
사람2(네릿서)	아유, 안타깝네요. 젊은 청춘남녀가 집안 때문에 죽게 되다니.
사람3(로미오)	안타깝죠, 안타까워요.
사람6(티볼트)	그렇네요.

춤을 추는 사람들, 사이로 줄리엣M과 줄리엣C, 서로에게 다가간다.

줄리엣M　(동시에) 지워지지 않아.

줄리엣C　(동시에) 지워지지 않아.

줄리엣M　아무리 당신들이 보지 않으려 해도,

줄리엣C　우리의 사랑을.

마주보고 손을 잡고 춤을 추기 시작하는 두 줄리엣. 음악이 커진다. 사람들 사이를 휘젓고 다닌다. 사람들의 시선을 무시하듯, 아무런 방해도 받지 않고 즐겁게 춤을 추는 두 사람. 춤이 끝나지 않는다.

암전.

끝

우리는 줄리엣과 줄리엣을 할 거야

2017년 봄, 어느 밤이었다. 연습실 근처에서 극단 대표이자 연출가인 기쁨이와 동료 배우인 희연이와 함께 술자리를 가졌다. 왜 셋이서 술을 마셨는지는 기억이 잘 나지 않는다. 연습이 끝난 후 허기를 달래는 자리였는지 다른 팀의 리허설을 보고 나서 담소를 나누는 자리였는지 모든 것이 흐릿하다. 선명히 기억나는 건, 일교차가 커서 밤이 되면 턱이 덜그럭거릴 정도로 추웠다는 것과 바람을 쐬러 나온 가게 앞에서 뜬금없이 기쁨이가 던진 말이었다.

"다음 고전극장에서 우리가 뭘 할 건 줄 알아? 우리는 〈줄리엣과 줄리엣〉을 할 거야."

고전극장은 우리가 소속된 극단, 창작집단 LAS가 두 해에 걸쳐 참가한 산울림 고전극장을 이야기하는 거였다. '산울림 고전극장'은 서울 마포구 서교동에 위치한 산울림 극장의 주최로, 해마다 바뀌는 주제에 맞춰 여러 극단이 고전을 재해석한 작품을 연달아 공연하는 프로그램이다. 2016년과 2017년의 주제는 그리스 고전이었고, 우리 극단은 각각 〈헤라 아프로디테 아르테미스〉와 〈헤카베〉라는 작품으로 참여했다. 두 공연 모두 관객들의 사랑과 지지를 받으며 만족스럽게 끝난 참이었고, 고전에 깊은 조예가 없던 우리는 새로운 시각으로 고전을 바라볼 수 있는 좋은 경험을 얻었다. 자연스럽게 다음 해 고전극장에도 참가하고자 하는 의지가 생겼다. 주제는 '셰익스피어'였다.

"〈줄리엣과 줄리엣〉을 할 거야."라는 말이 떨어지자마자 나는 호들갑을 떨기 시작했다.

"넌 천재야! 대박이야! 너무 좋아!"

한껏 들떠 주위를 깡충깡충 뛰어다니기도 하고 기쁨의 목덜미 아래를 몇 번인가 두들기기도 했다. 흥분이 머리끝까지 차오른 내가 소리쳤다.

"내가 쓸래!"

아이디어를 떠올린 사람이 눈앞에 있는데 그걸 가져가 자기가 쓰겠다고 뻔뻔하게 외친 것이다. 지금 생각해보면 "그 주제로 내가 써봐도 될까?"라든지 "그

아이디어로 네가 작품을 쓸 거야?" 아니면 "나에게 작품을 써보라고 제안하는 거니?"라든지 뭔가 더 많은 단계가 분명히 필요했다. 그런데 차 떼고 포 떼고 "내가 쓸게!" 하고 선언해버리고 말았다. 염치없는 변명이지만 '줄리엣과 줄리엣'이라는 제목을 듣자마자 속절없이 매료되어버렸기 때문이다.

사람들이 알던 로미오와 줄리엣은 거짓이고, 사실은 줄리엣과 줄리엣의 사랑이 진짜였다는 컨셉이 곧바로 떠올랐다. 그러고는 세상에서 가장 유명한 헤테로 로맨스를 퀴어 로맨스로 전복시킬 것이라는 쾌감과 함께, 두 남녀의 사랑을 방해하는 장애물은 가문간의 불화였지만 두 여성의 사랑을 방해하는 장애물은 온 세상이 될 거라는 비통함이 교차되었다.

그 순간 아직 쓰지도 않은 희곡을 벌써 사랑하게 되었다.

어느 쌀쌀한 봄밤, 삼선교의 한 술집 앞에서.

어서 가게 안으로 들어가 희연이에게 이 소식을 알려야 했다. 기쁨이가 이런 기가 막힌 아이디어를 던졌고 나는 이걸 이렇게 저렇게 쓸 거야. 여기는 이렇게 바꿀 거고, 거기는 완전히 똑같이 가는 거야, 어때?

끝내주지? 대단하지? 너무 재밌겠지? 너도 나처럼 완전히 이 이야기에 빠져버리고 말았지? 나는 폭주하고 있었다. 희연이는 훗날 그 순간을 떠올리며 송희가 많이 취했으니 얼른 집으로 돌아가야겠다고 생각했다고 말했다.

하지만 그날 이후 희연이는 줄리엣 캐플렛이, 나는 줄리엣 몬테규가 되었다. 우리는 결국 〈줄리엣과 줄리엣〉을 하고 말았다.

지울 수 없는 이야기

호기롭게 대본을 쓰겠다고 말한 뒤로 한동안 주춤했다. 나를 괴롭히던 문장은 "그거 너무 뻔한 이야기 아니야?"였다.

〈줄리엣과 줄리엣〉이 천재적인 아이디어라고 그렇게 추켜세웠으면서, 밑그림뿐인 이야기에 한순간에 사랑에 빠졌으면서, 정작 내 손으로 극본을 쓰려고 하니 떠오르는 영감이 모조리 비루하고 낡아빠진 것처럼 느껴졌다.

도대체 왜 새로운 작품을 쓰려고 폼을 잡기만 하면 내가 생각해낸 이야기들 모두 식상하고 재미없게 느껴지는 걸까? 제목만 듣고도 사람들이 '아, 그거 그럼 이런 이야기가 되겠네?' 하고 내 생각을 꿰뚫어버릴까 봐 불안해지기 시작했다.

하지만 예상과는 다른 일들이 펼쳐졌다. 신작을 준

비 중이라고 하자 호기심 가득한 눈으로 어떤 이야기를 쓰는지, 제목은 무엇인지 묻는 지인들에게 줄리엣과 줄리엣이라 대답을 하면 상대방의 얼굴에 곧바로 물음표가 떠올랐다. 그리고 곧이어 "왜 줄리엣이 두 명이야?" "그럼 두 줄리엣은 무슨 사이야?" "로미오와 줄리엣의 줄리엣이 맞아?" "두 사람은 도플갱어고 막 그런 거야?" 하는 질문들이 돌아왔다.

질문한 사람들 모두 연극인이었기 때문에 〈로미오와 줄리엣〉을 모르는 사람은 단 한 명도 없었다. 하지만 누구도 단박에 〈줄리엣과 줄리엣〉이 어떤 이야기가 될지 연상하지 못했다. 두 사람이 도플갱어냐는 질문을 들었을 때는 황당함에 웃음이 터져 나오는 동시에 깊이 절망했다. 세기의 로맨스를 패러디한 제목을 듣고도 동성 간의 사랑 이야기라는 것을 연상하지 못한다는 지점에서 어떤 신호를 감지했기 때문이다.

그것은 내 확대해석일 수도 있다. 모두가 나처럼 스피드퀴즈 정답 맞추듯 제목이 내포하는 의미를 알아맞히지 못했다고 해서, 제목을 듣자마자 열광하며 흥미를 가지지 않는다고 해서 낙담할 필요는 없다. 하지만 사람들의 반응이 겹칠 때마다 어쩐지 풀이 죽었다. 어째서 나와 같은 방향으로 상상하는 사람이 이렇게나 없을까? 왜 나는 미묘한 거부감을 느끼고 있는 거지?

〈줄리엣과 줄리엣〉을 쓰겠다고 마음먹고 나서 처음으로 누군가에게 이 이야기는 상상할 수도 없는, 혹은 절대로 받아들일 수 없는 이야기가 될 거라는 예감이 스쳤다. 오히려 왜 이제껏 이 점에 대해 한 번도 생각해보지 못했는지 의문이 들 정도로 강력하게.

모든 사람에게 사랑받는다는 것은 불가능한 일이라는 명제를 닳도록 외워도, 내가 만들 창작물이 불특정한 누군가에게 공격받거나 외면당할지도 모른다고 생각하니 조금씩 겁이 났다. 그 누구도 줄리엣들을 욕하거나 등 돌릴 수 없게 만들고 싶었다.

그러니 아주 잘 써야만 해. 모두에게 줄리엣들을 이해시킬 수 있을 만큼. 그 누구도 줄리엣들을 함부로 오해할 수 없게끔. 두려움을 달래기 위해 닿기 어려운 목표를 세웠다. 목표가 뚜렷해질수록 진도가 나가지 않았다. 내가 상상한 이야기가 부족하다는 생각만 자꾸 머릿속을 맴돌았다.

그날도 하루종일 이야기의 마지막을 어떻게 구성

해야 하는지 골머리를 앓고 있었다. 답을 내리지 못한 채로 일정을 소화한 후 마지막 일과를 마치고 마을버스 구석자리에 앉았다. 차창에 머리를 기대고 눈을 감았다. 몹시 피로했다. 와중에도 머릿속은 대본 생각으로 뒤죽박죽이었다. 핸드폰을 손에 쥐고서 멍하니 창밖을 내다보았다. 그러다 불현듯 대사 한 줄이 떠올랐다.

"지워지지 않아."

줄리엣과 줄리엣의 사랑을 외면하는 사람들 사이에서 줄리엣들이 던지는 마지막 말. 아무리 당신들이 우리의 사랑을 보지 않으려 해도 결코 우리를 지울 수 없다는 선언. 그리고 정해진 춤을 추는 사람들 사이를 휘젓고 다니며 자유롭게 춤추는 두 줄리엣이 그려졌다.

그 순간 눈물이 쏟아졌다. 막을 새도 없이.

버스 귀퉁이에 몸을 접고 앉아서 창문 밖을 바라보고 하염없이 울었다. 그래, 누군가 외면한다고 해서 존재하던 일이 사라지지 않아. 누군가 이 이야기를 받아들이지 않는다는 것이 필요 없는 이야기라는 뜻은 아니야. 그런 생각이 스쳤다. 아주 훌륭한 희곡이 아니더라도, 그 어떤 결함을 가지고 있더라도, 누군가에게 거부당할지도 모른다는 두려움 때문에 주저앉을 이야기는 아니었다. 아니, 오히려 그렇기 때문에 꼭 필요한 이야기였다.

  그리고 무엇보다 자신들의 사랑에 당당한 줄리엣들을 내가 이미 사랑하고 있었다. 그것만으로도 이 이야기가 세상에 나와야 할 가치는 충분했다. 더 이상 뻔한 이야기가 되지는 않을까 혹은 거부당하는 이야기가 되지 않을까 걱정하지 않기로 결심했다. 그냥 내가 사랑에 빠져버린 이야기를 꺼내놓으면 그것으로 충분했다.

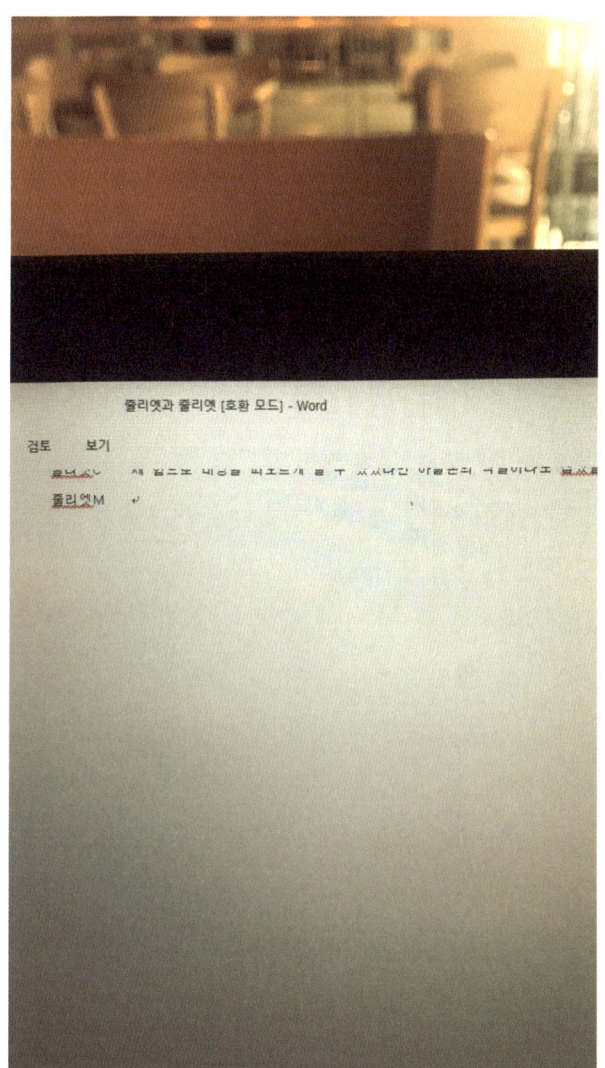

떨리는 몸으로

초고를 가지고 연출가와 첫 회의를 하는 날이었다. 나는 배우로서 다른 공연을 하고 있었고, 몇몇 아르바이트를 병행하고 있어 일정이 빡빡한 시기였다. 피곤한 몸을 이끌고 대학로의 한 카페에 도착했다. 먼저 도착한 기쁨이가 인사를 나누자마자 화장실을 다녀오겠다고 했다. 그러라고 말하고 소파에 풀썩 앉는데 먼저 읽고 있으라며 종이를 내밀었다. 빽빽하게 피드백이 적혀 있는 A4용지 넉 장이었다.

연출가 이기쁨은 몹시 꼼꼼한 사람이다. 프로덕션을 준비할 때 수개월 전에 배우 캐스팅을 끝내고 스탭진을 구성한다. 리허설과 셋업 계획도 조연출, 무대감독과 함께 항상 치밀하게 짜놓는다. 회의해야 하는 내용을 일목요연하게 준비해두고 동선도 미리 그려오기 때문에 연습시간을 소모하는 경우도 적다. 또 프로덕션이 극장으로 들어가 무대와 조명등을 설치하고, 테크니컬 리허설과 드레스 리허설 등 무대 위에서 최종 리허설을 해야 하는 셋업 기간은 시간이 촉박하고 변수가 많이 생기므로 계획을 더 꼼꼼히 확인한다. 혹시나 틀어질 계획을 대비해 늘상 1안부터 3안까지 대안을 준비해놓는 편이고, 일정에 차질이 생기지 않게 약속된 날짜에 각 스탭들이 준비를 마칠 수 있도록 여러 번 점검한다. 치밀한 계획 덕분에 돌발 상황에 대한 대처도 빠르고 소통에도 탁월한 연출가다.

배우로서 그런 믿음직한 연출가와 일한다는 것은 행운이라 여겼다. 그래서 기쁨이가 수개월 전부터 대본은 언제 나오냐고 압박이 아닌 척 나를 찔러볼 때에도 웃는 얼굴로 최대한 마감일을 지킬 수 있게 애썼고, 기한보다 조금 이르게 대본을 보낸 것에 내심 뿌듯해하고 있었다.

최대한 빠르고 정확한 회의를 하기 위해 대본을 보면서 의문점을 정리하고 있었을 기쁨이를 떠올리니 역시 철저한 연출가라는 생각이 드는 동시에 한편으로는 짜증이 치솟았다. 모든 것이 너무나 효율적이라서 더욱 그랬다. 무릇 대본 회의라 하면 쓰느라 수고 했다, 재미있게 잘 읽었다, 공치사도 좀 하고 마음에 들지 않는 부분이 있어도 작가 눈치도 좀 살피면서 돌려 돌려 말하는 뭐 그런 맛이 있어야 하는 거 아닌가? (아니다.) 그리고 우리는 연출가와 작가 사이이기 이전에 십여 년의 시간을 가장 가까이서 보낸 친구 사이인데, 친구끼리 농담도 하고 근황 이야기도 하며 회의도 좀 미루고 그러면 얼마나 친근감 있고 좋을까? (좋지 않다.) 그런데 만나자마자 이렇게까지 본격적으로 본론일 필요가 있는 걸까? (있다.)

난 심통 난 얼굴로 연필을 꺼내 들었다. 수용이 가능한 의견과 논의가 필요한 지점들을 골라 체크하기 시작했다. 날카로운 지적을 발견할 때는 괜히 더 골이 났다. 뭐 이렇게 예리해? 좀 그러려니 하고 넘어가지. 결국 내 앞에 기쁨이가 다시 앉아 있을 때쯤 나는 입이 댓발 나와 있는 상태였다.

인사도 제대로 하기 전에 종이만 넘기는 법이 어디 있냐, 이건 좀 너무한 거 아니냐고 따지는 나에게 기쁨이는 미리 읽어보는 것이 대화하기 더 편하지 않겠느냐고 너스레를 떨었다. 그리고는 가차 없이 대본 회의가 시작됐다.

그날 대화의 주된 포인트는 4장의 청혼 장면에 대한 이야기였다. 초고의 줄리엣 몬테규는 줄리엣 캐플렛이 패리스 백작에게 청혼받을 예정이라는 말을 듣자마자 자신과 결혼해달라고 청한다. 그러고는 주저하는 줄리엣 캐플렛에게 단단하게 자신의 사랑을 고백한다. 사랑하는 연인을 위해서 무엇이든지 할 수 있는 줄리엣 몬테규라면 세상의 시선과 관계없이 줄리엣 캐플렛에게 영원한 사랑을 약속할 것이라 생각했다. 내가 처음 상상한 줄리엣 몬테규는 그런 여자였다. 그런데 연출가는 이 부분이 공감가지 않는다고 했다. 동성애를 하면 도시에서 추방 당하는 16세기 베로나에서 자란 레즈비언이, 자신의 정체성을 깨달은 이후 단 한 번도 자신의 사랑에 응답 받아본 적 없던 사람이, 연인이 생겼다고 해서 단번에 사회에서 허락하지 않는 결혼을 결심할 수 있겠냐고 질문했다. 나는 줄리엣 몬테규는 용기 있는 사람이라 그럴 수 있다고 답했고, 연출가는 용기 있는 사람은 한 치의 두려움도 없는 것이냐고 되물었다.

 이전에도 우리 둘은 비슷한 대화를 한 적이 있었다. 그리스 신화에 나오는 트로이의 왕비 이야기 〈헤카베〉

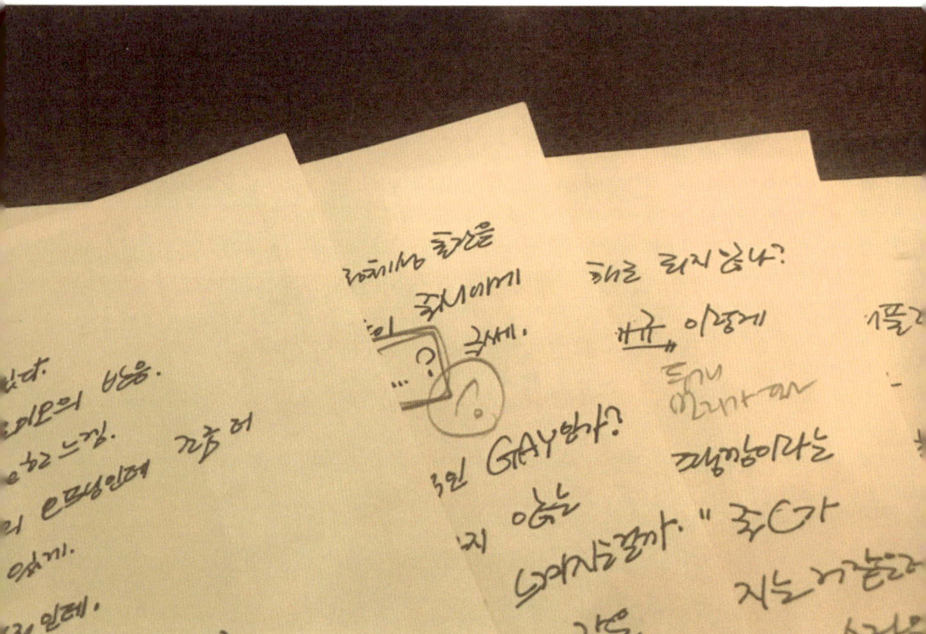

연습을 하고 있을 때였다. 리허설 중이던 장면은 오디세우스가 헤카베의 딸 폴뤽세네를 아킬레우스의 무덤에 제물로 바치기 위해 헤카베의 막사로 찾아오는 씬이었다. 내가 맡은 역할은 폴뤽세네였다. 자신을 데려가려는 오디세우스에게 당당하게 맞서는 장면을 연기하고 나니 연출가가 말했다. 내가 연기한 폴뤽세네에게서 두려움이 보이지 않는다고. 아무리 용감한 사람일지라도 자신의 목숨이 걸린 일 앞에서는 당연히 겁이 나지 않겠느냐고. 두려움에 떨면서도 자신의 신념을 이야기하는 것이 더 강한 것 아니겠냐고.

  잠깐 생각에 빠졌다. 나는 용기라는 것을 뭐라고 느꼈던 걸까? 용기라는 것은 겁 없는 상태, 그러니까 떨리지 않는 것이라고 생각했다. 연출가의 디렉션을 듣고 곰곰 과거를 돌이켜봤다. 내가 용기를 냈던 순간들은 언제였고 그때의 내 몸은 어떤 상태였는지를. 심장이 크게 뛰고, 호흡이 가빠졌었다. 더운 숨이 올라오는 것을 누르며 담담한 표정을 지었다. 목소리가 흔들리는 것을 붙들고 또박또박 떠오르는 말들을 뱉었고, 균형을 잃으려는 무릎에 힘을 주었다. 터질 것 같은 눈물을 꼭 붙들어 매고 상대를 바라봤다.

그것이 내가 용기를 내는 순간 일어났던 몸의 작용이었다. 이렇게 생생하게 연상이 되는데 왜 그 순간을 적용하지 못했을까.

몸이 떨린다는 것은 불안정하다는 뜻이다. 안정적일 때는 몸에 특별한 변화가 일어날 리 없다. 설레거나 분노할 때도 심박수가 오르지만, 불안하고 초조할 때 역시 마찬가지다. 원치 않게 터져 나오려는 감정들 역시 통제가 어려운 변수이다. 그래서 나는 용기를 냈던 그 순간을 온몸을 제어하기 어려운 가장 취약한 상태로 생각해왔다.

그러나 내가 생각하는 폴뤽세네는 강한 사람이었다. 그래서 그가 용기를 낼 때는 한송희가 용기를 낼 때와 전혀 다를 거라고 생각했다. 내가 내는 용기는 아주 작게 느껴졌고 폴뤽세네의 용기는 매우 커다랗고 단단하게 느껴졌기 때문이다. 전쟁의 승자 오디세우스를 대하는 상황에서도 그는 두려움을 뛰어넘는 힘을 가졌을 거라고, 나처럼 온몸을 떨면서 휘청거리지 않을 거라고 생각했다. 폴뤽세네가 두려움을 가지고 있다면 약해질 수밖에 없다고, 절대로 오디세우스 앞에서 당당해질 수 없을 거라고 결론 내렸던 것이다.

하지만 연습 결과는 달랐다. 폴뤽세네에게 두려움을 쥐어주니 더 큰 힘이 생겼다. 제멋대로 넘실대는 분노와 슬픔을 품고서 '나는 제물이 될 수 없다'고 오디세우스를 설득하는 그가, 온몸의 떨림을 느끼며 오디세우스의 비겁함을 정확히 짚어내는 그가, 이전에 내가 연기한 폴뤽세네보다 훨씬 강했다. 불규칙하게 가빠진 호흡이 오히려 상황을 견디는 원동력이 되었다. 결국 두려움을 가진 폴뤽세네가 겁이 없는 폴뤽세네를 이겼다.

그런데 1년도 지나지 않아 나는 폴뤽세네를 통해서 얻었던 깨달음을 잊어버리고, 용감한 인물을 만들겠다고 줄리엣 몬테규에게서 다시 두려움을 빼앗은 것이었다. 조금 약이 오르지만 기쁨이의 지적이 옳았다. 몸으로 겪은 경험이 있었기에 빠르게 연출가의 말에 수긍했다. 그리고 곧바로 수정 방향을 정했다. 줄리엣 캐플렛이 '용기를 내어' 먼저 결혼을 하자고 제안하고, 불가능하다며 그 제안을 거절한 줄리엣 몬테규가 '두려움을 딛고' 다시 청혼을 하는 것으로.

줄리엣 몬테규가 되어 이 장면을 연기할 때마다 온몸이 떨렸다. 하지만 단 한 순간도 줄리엣 몬테규가 약하다고 느낀 적은 없었다. 매번 무자비한 떨림 속에서 피어나는 강력한 용기를 발견했다. 몸의 진동이 행동이 되는 순간 줄리엣에게도, 나에게도 전에 만나지 못한 새로운 세상이 열렸다.

"물론 이 행복이 영원하길 바라지만,
당신과 함께 잠들고 눈을 뜨는 매일을 꿈꾸지만,
모두 앞에서 당신이 내 일생의 사랑이라고
자랑하고 싶지만, (손을 떼며)
그러지 못한다고 해도,"

"그렇게 해요!"

"네?"

"결혼, 하면 안 돼요?"

"나는, 나는요,
당신을 만나기 전에는 매일이
안개가 낀 하늘처럼 아무것도 보이지 않았어요.
모든 사람이 사랑을 말하는데,
난 그 모습을 그려볼 수도 없었다구요.
그런데 우리가 이렇게 함께 있으면,
손에 잡힐 듯이 생생하게 그려져요."

"당신은 정말 신기한 사람이에요.
어떻게 이런 생각을 하게 만들죠?"

"…?"

"당신의 사랑의 크기가 나와 같다면,
줄리엣, 당신을 사랑하는 것을 참는 것보다
숨을 참는 것이 더 쉬울 거예요.
그런 나의 마음과 당신의 마음이
우리의 이름처럼 같다면 줄리엣,"

"같아요, 거울에 비친 모습처럼."

"제 청혼을 받아주겠어요?"

셰익스피어 선생님, 이야기 좀 빌려 쓸게요

이 희곡을 쓰면서 가장 중심이 되었던 컨셉은 두 줄리엣의 이야기를 진짜 일어났던 일로 만들자는 것이었다. 여성 간의 사랑을 믿을 수 없었던 사람들이 줄리엣이라는 이름을 지우고 그 자리에 로미오라는 이름을 집어넣게 된 것일 뿐, 세상에서 가장 유명한 헤테로 로맨스 서사는 사실 퀴어 여성들의 이야기였을지 모른다고 말하고 싶었다.

그런 컨셉을 잘 살리기 위해서 우선 원작의 스토리에서 어떤 부분을 가져오고 또 변주해야 할지 신중히 선택해야 했다. 그리고 큰 틀을 정리한 다음에는 전체적인 분위기를 좌우할 대사 톤에 대한 고민이 시작됐다. 셰익스피어 작품의 가장 큰 특징 중 하나인 대사를 어떻게 활용하는지에 따라서 목표의 성패가 좌우될 것 같았다.

셰익스피어를 아는 많은 이들 중에 실제 그의 '희곡'을 읽은 사람은 많지 않다. 그러나 "로미오, 당신의 이름은 왜 로미오인가요."라는 대사가 어느 작품에서 나오는지, "사느냐 죽느냐, 그것이 문제로다."라는 대사가 어떤 인물의 입에서 나오는 말인지 알고 있는 사람의 수는 그보다 훨씬 많을 것이다. 그만큼 셰익스피어에 대해 이야기할 때면 그가 만든 수많은 명대사들이 제일 먼저 거론된다. 그리고 그 대사의 화려함과 아름다움, 또 거기에 깃든 깊은 통찰에 감탄하기도 한다. 하지만 장황하다 느껴질 정도로 긴 비유적인 표현을 지나치게 많이 쓴다고 생각하거나 대사가 캐릭터의 입말보다는 문어체에 가깝다고 느끼는 이들도 있을 것이다. 누가 그런 불경한 생각을 했느냐 하면 내가 그랬다.

연극영화학과 학생이었기 때문에 의무적으로 셰익스피어에 대해 공부해야 했지만 늘 조금 재미가 없었다. 그의 대사들은 모두 운율에 맞춰 쓰였기에 희곡 그 자체로 하나의 시가 된다고도 하는데, 한국어로 읽은 그의 대본에서는 그 리듬을 찾기가 어려웠다. 또한 아름답다고 평가받는 길고 긴 수사적 표현 속에서 인물이 정말로 말하고자 하는 바가 무엇인지 파악하는 것은 꽤 까다로운 일이었다. 그래서 나는 내 방식대로 그의 언어를 다시 번역해야 했다. "사느냐, 죽느냐."로 유명한 〈햄릿〉의 독백을 예로 들자면 이렇다.

햄릿   사느냐 죽느냐, 그것이 문제로다. 포악한 운명의 화살이 꽂혀도 죽은 듯 참는 것이 장한 일인가. 아니면 창칼을 들고 노도처럼 밀려드는 재앙과 싸워 물리는 것이 옳은 일인가. 죽는 건 잠자는 것- 그뿐 아닌가. 죽음이야말로 우리가 열렬히 바라는 결말이 아닌가. 죽는 건 잠자는 것! 잠들면 어쩌면 꿈을 꾸겠지. 아, 그게 괴로운 일이겠지. 이 세상의 번뇌를 벗어나 죽음 속에 잠든 때에 어떤 악몽이 나타나지 않을까 하는 생각을 하면 망설이지 않을 수가 없구나. 그 때문에 결국 괴로운 생애를 그대로 이끌고 가는 것이 아닌가. 그렇지 않으면 누가 세상의 채찍과 모욕을 참겠는가. 폭군의 횡포와 권력자의 오만함을, 좌절한 사랑의 고통을, 지루한 재판과 안

하무인의 관리근성을 덕망 있는 사람에게 가하는 소인배들의 불손을 참을 수 있겠는가. 한 자루의 칼이면 깨끗이 끝장을 낼 수 있는 것을 말이다. 죽은 뒤에 밀어닥칠 두려움과 한번 이 세상을 떠나면 다시는 못 돌아오는 미지의 나라가 사람의 결심을 망설이게 하는 것이 아닌가, 알지도 못하는 저세상으로 뛰어드느니 차라리 익숙한 이승의 번뇌를 감내하려는 마음이 없다면 그 누가 무거운 짐을 걸머지고 괴로운 인생을 신음하며 진땀을 뺄 건가? 이래서 분별심은 우리들을 모두 겁쟁이로 만들고 만다. 그리하여 결심이 갖는 천연의 혈색 위에 사색의 창백한 병색이 그늘져 이글이글 타오르던 웅지도 잡념에 사로잡혀 길을 잘못 가고, 결국 실천과는 멀어지고 마는 게 아닌가……[후략]

《셰익스피어 4대 비극집》, 전예원, 햄릿 3막 2장 p.77)

이러한 햄릿의 독백을,

햄릿   아버지의 복수를 하지 말고 그냥 살까, 처형당해서 죽어도 삼촌 죽일까? 아버지 영혼이 계속 나타나서 복수해달라는데 해야 되냐, 말아야 되냐. 어차피 사는 것도 힘든데 확 복수하고 그냥 죽을까? 사람 다 결국 죽는데, 이리 죽으나 저리 죽으나 아냐? 근데 죽고 나서도 계속 고통스러우면 어떡하지? 너무 무서운데? 그래서 사람들이 그냥 못 죽고 사는 건가? 아, 근데 그렇다고 아버지를 죽인 삼촌을 그냥 보고 살아? 거기다 우리 엄마랑 재혼까지 하고 왕위에 앉았는데 내가 그 꼴 보고 어떻게 사냐… 하…아, 또 죽기 무서워서 복수를 안 하는게 너무 가오 떨어지지 않아? 죽고 나면 어떻게 될지도 모르는데 그냥 개똥밭에 굴러도 이승이 낫다고 그냥 더러운 꼴 좀 보고 살아? 아, 뭐가 더 나은지 모르겠으니까 뭘 하지를 못하고 계속 고민만 하네… 하…씨…

대략 이런 식으로 해석하는 것이다. 햄릿의 비장함

은 느껴지지 않지만 내 딴에는 햄릿의 마음에 가장 가깝게 선 것이 이렇다. 이런 식으로 가볍게 여기지 않으면 폭군의 횡포니 좌절한 사랑의 고통이니 하는 표현에 휘둘려 정말로 햄릿이 하고자 하는 말이 무엇인지 알아차리기가 힘들었다. 그러니까 어떻게든 내 방식대로 그 의미들을 찾아가야 했다. 다소 격이 떨어지는 나만의 납작한 통역은 셰익스피어 작품이 가진 함축적이면서 풍부한 비유들을 사유하기엔 턱없이 부족했다. 하지만 무슨 말인지 알아듣기라도 해야 이면의 숨은 상징도 찾을 수 있는 것 아닐까?

이런 얼렁뚱땅 해석을 하는 데에도 시간이 꽤 오래 걸렸다. 희곡을 읽으면서 "가만 있어 봐, 그러니까. 안하무인의 관리근성을 덕망 있는 사람에게 가하는 소인배들의 불손을 참을 수 있겠는가, 이게 지금 삼촌한테 복수 안 하는 자기 자신이 그 불손을 저지른 소인배 같다는 거지? 아닌가? 삼촌이 한 짓을 소인배의 불손에 비유한 건가?" 하고 무슨 문장이 무엇을 의미하는지 부지런히 더듬을 수밖에는 없었다.

연극학도로서 그가 남긴 위대한 업적을 진득하게 학습하는 것이 바람직한 태도였겠지만 나는 서양연극사 과제를 제출하기 위해 최대한 빠른 속도로 그의 대본들을 읽어 치우기 바빴다. 희곡을 빠르게 속독하는 것은 내 장기 중 하나였는데 셰익스피어의 작품에서는 도통 통하지가 않으니 속이 터졌다. 읽고 또 읽고 올라가서 또 읽고, 밑줄 치고 노트를 해가면서 어렵사리 해독해야 하는 희곡에 아무래도 정이 가지 않았다.

학교에서 정기공연으로 그의 작품 속 배역을 연기할 때도 비슷했다. 오랜 시간 칭송받은 그의 대사들은 연기하기 까다롭고 거추장스러웠다.

포셔 좋은 일을 실천하는 게 무엇이 좋은 건지 아는 것만큼 쉬운 일이라면 작은 성당을 큰 성당으로, 가난뱅이의 오두막을 제왕의 궁전으로 바꿀 수도 있겠지. 자신의 설교를 실천으로 옮기는 성직자도 훌륭한 분이고, 스무 명에게 착한 일을 하라고 가르치는 건 쉽지만 자신의 말을 스스로 실행하기는 힘든 법이야. 이성은 열정을 제어할 방도를 찾아내겠지만 뜨거운 열정은 찬 계율을 뛰어넘는 법이니까. 청춘은 미친 토끼와 같아서 둔한 절름발이 지혜가 쳐놓은 그물을 뛰어넘는 법이거든. 하지만 내가 이론에 이렇게 강하다 해도 남편감을 고르는 일에는 전혀 도움이 되지 않아. 아, 선택이라는 낱말이여!

《셰익스피어 5대 희극》, 아름다운날, 베니스의 상인 1막 2장, p.33)

  포셔의 이 대사를 연기하면서 가장 어려웠던 부분은 앞의 수사적 표현보다, "아, 선택이라는 낱말이여!"라는 문장이었다. 읽는 것은 쉽다. 입으로 내뱉는 것이 어렵지. 포셔의 혼란스러운 마음을 담아 "아, 선택이라는 낱말이여!"라는 대사를 직접 발화해본다면 그 어색함의 강도를 조금이나마 느낄 수 있을 것이다.

  당시의 내가 더 숙련된 연기자였다면 모르겠지만, 현대어를 연기하기에도 버거웠던 학부생에게 문어체의 대사들은 커다란 장벽이 되었다. 대사를 자연스러운 '나의 말'이 되도록 훈련을 받고 있는 상태에서, 도저히 내 입에서 나올 것 같지 않은 문장을 뱉어야 할 때 생기는 괴리감을 어떻게 대처해야 할지 몰랐다. 셰익스피어의 극에 자주 나오는 "대자연이시여!" "밤의 여신이시여!" "재빨리 달려라. 태양마차를 이끄는 불붙은 말굽을 단 말들아!" 하는 표현들을 만날 때에는 더욱 난감했다.

그래서 조금 더 수월하게 연기하기 위해 팀원 전체가 오래도록 대사를 수정해야 했다. 아마도 운율에 맞춰 쓰였기에 번역 후 의미가 불분명해진 대사들을 삭제하고, 문어체 느낌의 말들을 최대한 일상어에 가깝게 고쳤던 기억이 난다.

영문학 사상 최고의 작가! 전 세계에서 가장 훌륭한 극작가로 꼽히는 그의 대사들을 붙잡고 구시렁구시렁, 나는 불손하게도 아주 오래도록 불평을 늘어놓았다. 그가 위대한 작가가 아니라는 것이 아니라, 그것을 체감하기에는 그와 나 사이의 거리가 너무 멀었다. 잉글랜드와 대한민국의 거리만큼. 16세기와 21세기의 시간차만큼.

하지만 〈줄리엣과 줄리엣〉이 〈로미오와 줄리엣〉의 원작처럼 보이려면, 셰익스피어가 어디선가 줄리엣과 줄리엣의 사랑 이야기를 전해 듣고 〈로미오와 줄리엣〉을 썼다더라는 이야기가 나오려면, 내가 그토록 꺼려 했던 그의 대사들을, 조금 더 정확히 말하면 내가 그의 대사에 가졌던 편견들을 적극적으로 사용해 보는 것이 좋을 것 같았다. '내가 셰익스피어는 잘 모르지만 대충 그 사람 작품에서는 다 그런 말투로 얘기하잖아'의 '그런 말투'가 필요했다. 사람들이 그가 만든 대사에 나와 비슷한 편견을 가지고 있다고 가정하고, 그 편견을 잘 다룬다면 마치 줄리엣들의 말투를 셰익스피어가 참고한 것 같은 인상을 줄 수 있을 거라고 생각했다.

그래서 나는 원작의 유명한 대사들을 살리면서 동시에 내가 만든 대사들도 그의 대사들과 잘 어울리게 화려한 수사와 비유를 사용하기로 했다. 그리고 고대 영어를 한국어로 번역하면서 생긴 문어체와 같은 뉘앙스 역시 조금은 살려보고 싶었다. 셰익스피어의 진의를 전달하기 위해 그의 언어를 공부하고 분석하는 것이 아니라, 내 의도대로 셰익스피어 선생님을 이용해 먹기 위해(?) 그의 작품에 접근했다. 인물에 동화되어 연기하는 메소드 연기 방식처럼, 셰 선생님의 화법에 동화되기 위해 〈한여름 밤의 꿈〉을 포함한 5대

희극이 담긴 희곡집을 펼쳤다. 그리고 그의 말투를 하나씩 훔쳐나가기 시작했다.

흉내 내는 글쓰기는 고통스러우면서도 흥미로웠다. 어쩐지 셰 선생님도 썼을 법한 표현이 내 손에서 나올 때는 혼자 감탄하기도 했다. 티볼트의 "그럼. 찬란한 여름이 가까워 오고 있다는 걸 알리는 화창한 4월의 날씨도 백작보다 더 상쾌하지는 못할걸? 패리스의 얼굴을 잘 봐둬. 그 친구의 얼굴은 아름다운 펜으로 그린 명화 같다니까." 이 대사는 원작의 캐플렛 부인이 패리스 백작의 외모를 펜으로 그린 명화 같다고 비유한 대사에 살을 덧붙인 표현이었다. 원작의 대사들과 내가 만든 대사들이 한데 섞여 한 접시에 담길 법한 그럴싸한 음식이 되는 장면을 만들고 나면 흡족함에 여러 번 혼자 대사들을 음미해보기도 했다. 또 두 연인이 사랑에 빠져 세상에 있는 온갖 미사여구를 끌어다 사랑을 고백하는 장면에서 희극적인 장치들을 배치하면서 낄낄대기도 했다.

특히 "당신의 이름은 왜 로미오인가요?"를 "당신의 이름은 왜 줄리엣인가요?"로 변주하면서 가장 큰 쾌감을 느꼈다. 원작의 줄리엣은 원수의 이름을 가진 로미오에게 이름은 아무 의미가 없으니 그 이름을 버리라고 하지만, 이 희곡에서 줄리엣은 당신의 이름에 포함된 모든 의미를 그대로 받아들이고 사랑하겠다고 결심하며 이름 그대로 존재하라고 말한다. 또 원작에서 이름은 가문을 뜻하지만 〈줄리엣과 줄리엣〉에서는 성별과 성정체성을 포함한 줄리엣 몬테규 그 자신을 상징한다. 각도를 약간 틀어 만들어 낸 대사들이 원작과의 차이를 확실히 보여주는 동시에 선명한 공통점을 드러내주기도 했다. 같고도 다른 지점들이 생겨날 때마다 매우 신이 났다. 마치 세 선생님과 함께 흥미진진한 협업을 하고 있는 것 같았다.

외람된 말이지만 글을 쓰는 내내 어떻게 하면 셰익스피어 선생님의 이야기를 빌려 내 것으로 만들까 궁리하는 것은 즐거운 일이었다. 열심히 써먹어 보려고 오래도록 대본을 바라보다 보니 이전에는 발견하지 못한 반짝이는 말들과 인간과 삶을 바라보는 깊이 있는 시선에 새롭게 감복할 때도 많았다. 공연을 본 후 관객들이 셰익스피어의 대사의 아름다움을 다시 한 번 느꼈다거나, 역시 셰익스피어는 위대하다는 평을 남길 때마다 속으로 '거봐요. 선생님께도 좋은 일이죠?' 하고 중얼거렸다.

내 생각에는 셰 선생님도 내 마음을 알아주실 것 같다. 선생님께서도 이미 오래전에 전해 내려오던 이야기를 재구성하여 〈로미오와 줄리엣〉을 만드셨으니까. 그 이야기는 이탈리아 이야기집에 실린 이야기라고도 하는데, 혹시 모른다. 셰 선생님이 들은 이야기가 이름이 같은 두 여성의 사랑 이야기일지도.

걸음마처럼

'…퀴어혐오적인 표현은 거슬렸지만…'

SNS로 〈헤라 아프로디테 아르테미스〉 공연 리뷰를 찾아보던 중이었다. 대체로 호의적인 후기를 읽어 내려가다 이 구절을 발견하고는 심장이 쿵 내려앉았다. 퀴어혐오라니. 퀴어혐오를 혐오하는 내가 그런 표현을 썼을 리가 없는데, 지금 무슨 말을 본 건지 감을 잡을 수가 없었다.

〈헤라 아프로디테 아르테미스〉는 제우스 신전에 모인 세 명의 여신이 서로의 삶에 대해 이야기를 나누며 다투고 공감하는 내용의 극이다. 그리스 신화 속 에피소드들을 데이트 폭력이나 불법촬영, 유리천장 등에 빗대어 표현해 '페미니즘 입문극'이라는 별칭을 얻기도 했다.

사실 페미니즘을 쉽게 이해시키는 대본을 써야겠다는 포부는 전혀 없었다. 오히려 여성의 삶, 사랑, 일에 대해서 수다를 떠는 그리스 신화판 섹스앤더시티를 만들어보자는 의도를 가졌었고 초연 당시에는 '신화를 재기발랄하게 해석했다.' 정도가 보통의 평이었다. 그러다 초연과 재연 사이에 대한민국 페미니즘 리부트의 계기가 되었던 '강남역 살인사건'이 일어났다. 사건 이후 〈헤라 아프로디테 아르테미스〉의 재공연을 본 관객들은 수천 년 전 신화 속 여성들이 받아왔던 차별과 고통의 역사가 21세기에도 계속되고 있다는 사실에 분노했다. 그렇게 작품에 공감하는 관객들이 늘어나면서 '페미니즘 입문극'이라는 이름이 붙은 것이다.

당시에는 스스로를 페미니스트라 정체화하지 않았기 때문에 그러한 별칭이 몹시 부담스러웠다. 살아오면서 겪고 생각했던 것들을 설명할 언어가 페미니즘 안에 있다는 것을 이제 막 깨닫기 시작했을 뿐이었다. 아직 여성주의에 대해 모르는 것이 너무 많은데 마치 페미니즘 연극의 대표가 되어야 할 것 같은 묘한 압박감을 느꼈다. 사람들이 붙인 이름값에 부합하고 싶었지만 결국에는 나의 모자람이 들킬지도 모른다는 생각으로 조마조마했다.

작가의 마음졸임과는 무관하게 〈헤라 아프로디테 아르테미스〉는 점점 더 많은 관심을 받기 시작했다. 세 번째 재공연은 우리 극단이 생긴 이후로 가장 많은 사람들이 본 공연이 되었다. 그만큼 후기의 숫자도 늘어났다. 작품을 칭찬하고 극단을 응원하는 글의 숫자가 늘어갈수록 후기 검색을 멈출 수가 없었다. 사람들이 우리를 발견하고 마음을 준다는 것에 얼굴이 달아오를 만큼 기뻤기 때문이다.

물론 칭찬 일색의 글만 존재하는 것은 아니었다. 세 여성 캐릭터가 가진 한계를 꼬집는 글도 있었고, 인물들이 정제되지 않거나 정치적으로 올바르지 못한 표현을 썼다고 꾸짖는 글도 있었다. 나는 알림장에 선생님 말씀을 받아 적는 모범생처럼 작품의 부족한 점을 일러주는 글들을 새겼다.

그렇지만 마음 어딘가에선 그 의견들에 완벽히 동의하지 못했다. 여신들이 완벽하지 않은 것은 어딘가 조금씩은 모자란 인간의 모습을 닮았기 때문이고, 인물이 가진 성격 때문에 정치적으로 올바르지 않은 표현을 할 수도 있는 것이라 대꾸하고 싶었다. 자꾸만 반박하고 싶어도 꾹 참았다. 왜냐하면 사람들은 이 연극을 '페미니즘 입문극'이라서 좋아하는 것일 테니까. 나보다 여성주의에 해박한, 윤리적으로 올바른 것이 무엇인지 잘 아는 사람들의 말을 따라야만 이 작품이 더 좋아질 수 있을 테니까. 의견들을 꼭꼭 씹어 삼켰다. 부디 소화가 잘돼서 조금이라도 더 좋은 공연이 되길 희망하는 마음으로 대본 이곳저곳을 수정하고 또 수정했다.

하지만 그렇다 하더라도 퀴어혐오라니. 이건 받아들일 수가 없었다. 오히려 퀴어 프렌들리한 인상을 심기 위해 노력했는데 말이다. 사랑을 남녀관계로만 축소하지 말라는 아르테미스의 말에 아프로디테가 "난 사랑을 남녀관계로 축소하지 않았어. 여자 여자끼리 하는 사랑, 남자 남자끼리 하는 사랑 다 권장사항이야."라고 답하는 대사가 그 노력의 일부였다. 거기다 일처일부제를 옹호하던 헤라가 "그럼 여자랑 여자도 일처일처 해! 그러면 되잖아!"라는 말을 함으로써 동성혼 법제화를 추진해야 한다는 작가의 주장을 슬며시 담아내기도 했다. 정말이지 억울했다. 동료들은 신경 쓰지 말라고 나를 달랬지만 달래지지가 않았다. 결국, 후기를 쓴 관객분에게 디엠을 보냈다.

메시지를 보내기 전에 수없이 망설였다. 작가가 자기 작품에 대해 비평을 한 관객에게 득달같이 달려가서 이거 왜 이렇게 쓰셨냐고 따지는 꼴이 될 것만 같았다. 진짜 그런 옹졸한 창작자가 되고 싶지 않았다. 하지만 내 이 작은 그릇은 억울함을 감당하지 못했다. 그리고 그분이 왜 이 작품에서 그러한 감상을 느꼈는지 진심으로 궁금했다.

최대한 정중하고 조심스럽게 메시지를 작성했다. 약간의 억울함도 호소하면서. 지금 생각해보면 억울함은 호소하지 말 걸 후회도 된다. 왜냐하면 자신의 의견을 다정하게 설명해준 관객분의 답변을 보고 머리가 멍해졌기 때문이다.

극 중에서 기혼자인 헤라와 자유연애주의자인 아프로디테가 남자와 연애관계를 맺은 적이 없는 아르테미스를 끊임없이 추궁한다. "너 남자랑 정말 안 자봤어? 여자랑도? 진짜 한 번도?" 두 여신의 끈질긴 질문에 아르테미스는 버럭 화를 낸다. 그러자 발끈한 아르테미스를 보고 헤라와 아프로디테는 그녀를 비웃

듯 낄낄댄다. 그 관객분은 바로 이 장면을 퀴어혐오적이라 느꼈다고 했다. 아르테미스가 받는 추궁과 멸시가 무성애자들이 살아오면서 끊임없이 받아온 평가와 유사해 보기 괴로웠다고 말이다.

그럴 수 있구나.

전혀 예상하지 못한 부분이었다. 극 속에서 세 명의 여신은 서로 다른 각자의 연애관을 공격하고 조롱한다. 헤라는 바람을 피운 남편 제우스를 놓지 못하고 상대 여성들만 괴롭힌다는 이유로 비난받는다. 아프로디테는 자유로운 연애를 하기에 천박하고 지조가 없다고 욕을 먹는다. 아르테미스 역시 두 신들의 삶을 이해할 수 없다며 본인 기준으로 평가하고, 동시에 자신의 삶도 이해받지 못한 채 놀림감이 된다.

이 부분이 서로를 이해하지 못하는 세 여성의 모습을 자연스럽게 담았다고 생각했다. 자신과 다른 형태의 삶을 납작하게 평가하는 평범한 인간들의 모습을. 더군다나 나는 아르테미스를 선택적 비연애주의 이성애자라 해석하고 극작을 했기 때문에 그 장면들이 무성애자에 대한 공격으로 비칠 수 있다는 생각을 하지 못했다.

괴로웠던 것은 나의 의도를 오해받았다고 생각해서가 아니었다. 내가 그 지점까지 고려하지 못했다는 것이 쓰라렸다. 누군가 여성혐오적 요소가 든 창작물을 만들어놓고 자신은 그런 의도가 아니었다고 주장하면 난 그 창작자의 의견을 받아들였을까? 아니었다. 그렇기 때문에 내가 만든 장면들로 인한 불쾌감에 할 말이 없었다. 부끄러웠다.

창작자의 의도와 상관없이 읽어내는 주체에 따라 장면과 인물은 다양한 방식으로 해석된다. 내 작품에 의도하지 않은 상징들을 찾아내서 작품을 사랑해주는 분들이 있듯, 의도하지 않았지만 무의식중에 내포되었던 폭력성을 발견할 수도 있는 것이다. 이것은 창작자로서 수용해야 하는 지점이다. 이론적으로는 잘 알고 있었다. 하지만 그 수용이라는 것을 어떻게 해야 할지는 몰랐다. 건강하고 생산적인 다른 반성의 방법이 있었을지도 모른다. 하지만 나는 그저 무지에 대한 후회와 죄책감을 공연하는 내내 밟고 서 있는 것 외에는 할 줄 아는 게 없었다.

〈줄리엣과 줄리엣〉의 네릿서를 무성애자로 설정한 것은 그 죄의식을 떨치기 위해서였다. 그동안 관심 갖지 못했던 부분에 주의를 기울이고, 관객분의 정성 어린 피드백을 다음 작품의 캐릭터에 투영해서 전보다 조금 발전된 모습을 보이고 싶었다. 더구나 레즈비언을 다룬 명백한 유성애 이야기에 무성애자 캐릭터가 존재하는 것은 희곡을 풍성하게 만드는 데 도움을 주었다. 네릿서라는 인물에게도 뚜렷한 개성을 부여하면서 보다 입체적인 인물을 만든 것 같아 뿌듯한 마음도 들었다. 이렇게 이 이야기가 무지하고 부족했던 내가 새롭게 배우고 도전함으로써 좌절감을 극복했다는 결말로 끝난다면 좋겠지만 산다는 것은 종결을 가진 이야기가 아니었다.

〈줄리엣과 줄리엣〉을 공연하고도 여러 가지 후기들이 따라왔다. 작품을 지지하고 사랑해주는 분들도 많았지만 극 안의 동성애 혐오적인 표현을 보기 괴롭다고 말하는 분들 역시 그 수에 비례했다. 작품의 전개상 꼭 필요하다고 판단해 만든 장면들이었지만 누군가를 고통스럽게 했다는 사실은 변하지 않았다. 더군다나 당사자성을 가진 관객들 눈앞에 자신의 경험과 유사한, 혹은 자신에게 일어날지도 모르는 일들을 펼쳐놓았다는 것은 길게 설명하지 않아도 부정할 수 없는 사실이었다. 절대 상처주고 싶지 않았던 사람들에게 도리어 생채기를 내버린 것만 같았다.

꼭 필요해서 만든 장면들이 정말로 최선이었냐는 질문을 하기 시작했다. 조금 더 섬세할 수 없었을까? 조금 더 영리할 수 없었을까? 이것이 내 최선이라면 그 지점이 정확히 내 능력의 한계인 것 같은데 내가 글을 쓸 자격이 있을까? 두려웠다. 의식하지도 못하는 사이에 누군가에게 상처를 주고야 말 것이라는 공포가 뒤따랐다.

하지만 마음속에 찰박거리는 공포를 껴안고 약속된 다음 대본을 써내야 했다. 그 희곡은 〈나, 혜석〉이었다. 화가이자 작가, 여성주의 운동가이기도 했던 나혜석의 삶을 다루는 극이었다. 여성주의 선구자의 인생을 다시 써야 하다니, 그것도 실존인물의 이야기를. 나는 완전히 겁에 질렸다. 애초에 왜 그의 삶으로 연극 대본을 쓰겠다고 약속한 것인지. 과거의 나를 찾아가 혼쭐을 내주고 싶었다. 그의 삶에 호기심을 가지고 이해해보려는 시도 자체가 무모하게 느껴졌다. 가뜩이나 연표를 외우는 것을 끔찍하게 못해서 국사 성적이 엉망이었던 내가 대한민국 여성주의 역사에 가장 중요한 인물의 생을 감히 다루려 하다니. 반드시 망해 버리고 말 거라는 마음의 소리가 귀에 들리는 듯했다.

나혜석의 연표를 들여다보며 몇 번이고 순서대로 그의 작품을 읽어내려갔다. 각종 논문과 기사들을 찾아서 밑줄 치고 옮겨 적기도 여러 번 했다. 그런데도 그의 삶에서 내가 무언가를 놓칠까 봐 혹은 새로운 시각으로 그의 인생을 바라보지 못할까 봐, 그의 진의를 왜곡할까 봐 전전긍긍이었다. 최초의 내 목표는 '나혜석의 삶을 있는 그대로 그려내는 것'이었다.

타인의 삶을 있는 그대로 그려내자, 라니 얼마나 오만한가. 나는 수개월째 그를 둘러싼 자료들만 매만지며 글을 쓰지 못했다. 그가 남긴 글들을 뚫어져라 바라보며 정답을 알려달라고 외쳤지만 대답이 없었다. 무슨 수를 써도 그를 있는 그대로 그려 낼 수 없다는 판단이 섰을 때, 다시 한 번 마음을 먹었다. '그냥 네 것을 써.'

무언가에 무지한 네가 쓰는 글을. 틀릴지도 모르는 두려움을 안고 쓰는 글을. 독보적이거나 특별한 시선이 아니라 그냥 네가 바라보는 세상을 담은 글을. 네가 담고 싶은 인물의 삶에 대한 글을. 무엇보다 네가 하고 싶은 말이 담긴 글을.

'그 뒤로 나는 대범하게 일필휘지로 대본을 써내려 갔다'면 좋겠지만 이번에도 역시 그러지 못했다. 이미 써놓은 대본에 만족하지 못해 몇 번을 다시 뒤집었다. 연출부에 양해를 구하고 마감 기한을 연장하기도 했다. 공연이 관객들을 만나기 전까지도 작품에 대한 자신이 없었다. 온라인 공연으로 작품을 만난 분들이 댓글과 후기로 많은 응원을 해주었지만 사실은 여전히 〈나, 혜석〉이 어떤 의미를 가지고 있는지 깨닫지 못하고 있다. 어쩌면 재공연을 하게 될 때 누군가 아주 날카롭고 유의미한 비판을 한다면 또다시 나의 부족함을 탓하며 괴로워 할지도 모른다.

나는 계속 싸우고 있다. 자신이 만든 창작물을 힘껏 사랑하지 못하는 나를 미워하면서. 여전히 나의 무지로 누군가에게 해를 가할지도 모른다는 공포에 떨면서. 그럼에도 왜 네가 꼭 글을 써야 하는지 거칠게 묻고 따진다. 대범하게 피드백을 수용하면서 동시에 네가 써낸 글들에 애정을 바칠 수는 없냐고, 이 모든 두려움들을 떨치고 휘적휘적 나아갈 수는 없는 거냐고 계속해서 요구한다. 하지만 알고 있다. 이 두려움을 완전히 떨칠 수 있는 날은 오지 않을 것이라는 걸.

  그럼에도 불구하고 하고 싶은 말이 떠오른다면 목소리를 가다듬고 키보드를 매만질 것이다. 결국 무언가 잘못될지도 모른다는 두려움을 단단히 등에 업고서 공부하고, 고민하고, 조금이라도 더 나은 무언가를 만들기 위해 발버둥을 칠 것이다. 내가 하고 싶은 이야기를, 소중한 사람들이 덜 다치는 모양으로 만들기 위해 애를 쓸 것이다. 그리고 누군가가 불편해할 것을 알면서도 말을 걸어볼 것이다. 걸음마처럼 조금씩, 한 걸음 한 걸음씩. 실수가 두려워 소리조차 내지 못한다면 내가 성장할 기회 역시 포기하는 것과 마찬가지일 테니까.

  이것이 지금 내가 온몸을 떨며 빚는 아주 작은 용기가 하는 일이다.

"사랑을 느끼지 못한다고 꼭 불행한 것은 아니에요.
그치만 아가씨가 이렇게 사랑을 갈망한다면
알맞은 사람이 나타났을 때
꼭 알아볼 수 있을 거예요."

여기에 스님이 나와요?

신부님 대신 스님이 나오면 어떠냐고 먼저 화두를 던진 건 나였다. 줄리엣들의 결혼식을 돕는 로렌스 신부의 모습이 잘 그려지지 않는다고 토로하던 도중, 이전에 우연히 보게 된 효록스님의 인터뷰가 떠올랐다. 불교의 계율을 담은 율장에 보면 성소수자에 대한 기록이 많이 남아 있다는 말씀을 하시면서, 성정체성 때문에 차별받거나 동성간의 결혼을 법적으로 금지하는 것은 말이 안 된다고 발언하시는 것이 인상 깊었다. 퀴어혐오에 힘쓰는 종교단체들과 스님의 모습을 자연히 비교하게 되었다. 어쩐지 스님이라면 줄리엣들의 결혼식을 흔쾌히 도와줄 것만 같았다.

그렇지만 팔 할 정도는 농담이었다. 16세기 이탈리아에 승려라니. 말도 안 된다는 소리가 절로 나오지 않겠는가. "스님 어때? 스님?" 뱉어내고서도 연출가와 마주보고 한참을 웃었다. 베로나 시내를 거니는 승려를 상상하니 그 부조화에 실소가 터질 수밖에 없었다. 그 웃음 밑에는 당시의 가톨릭이 동성애를 받아들이지 않았을 거라는 확신에 대한 쓸쓸함도 깔려 있었다. 로미오와 줄리엣을 도와줄 신부님은 있을 수 있겠지만 줄리엣과 줄리엣을 도와줄 신부님은 없을 것만 같았다.

요즘의 경우를 생각해보면 주례 없는 결혼식도 많으니까 네릿서와 로미오를 두고서 혼인서약을 하는 정도도 괜찮지 않을까 싶었다. 하지만 아무래도 아쉬웠다. 누구의 도움도 받지 않고 두 사람의 힘으로 만들어 낸 사랑의 맹세도 의미 있겠지만 나는 두 사람이 누군가의 도움을 받길 원했다. 가족과 친구가 아닌 누군가, 줄리엣들의 혼인이 성사되었다고 선언해줄 조력자가 필요했다.

"스님으로 가자."

연출가의 입에서 이 멘트가 나왔을 때 얼마나 앓는 소리를 냈는지 모른다. 너 16세기 베로나, 아니 유럽 근처에 승려가 있었을 것 같니? 스님이 근처에 지나가기라도 했어 봐, 이교도라고 내몰려서 목숨 부지하기도 쉽지 않았을 텐데, 너는 그냥 승려를 넣자고 말하면 그만이지만 난 근거를 찾아야 해, 대본을 말이 되게는 만들어야 될 것 아니니.

긴 불평불만을 남겨놓고서 나는 부지런히 자료를 찾기 시작했다.

연출가의 요청이 어떤 뿌리에서 나왔는지 알고 있었기 때문이다. 사실 나 역시 아주 작은 단서라도 발견한다면 작품 속에 승려를 등장시키고 싶었다. 그 시절 이탈리아에 단 한 명의 스님이 스쳐 지나간 흔적이라도 있다면. 하지만 내 검색실력이 부족한 탓인지 근거 비슷한 것도 찾지 못했다.

아니, 말이 안 되잖아. 말이. 마음속으로 중얼거리다 문득 그런 생각이 스쳤다. 그 시절 베로나에선 여자 둘의 사랑도 '말이 안 된다'고 생각할 거 아냐. 세상에는 누군가 말도 안 된다고 생각하는 일이 명백하게 일어나는데. 내가 쓰는 이야기 역시 누군가에게는 터무니없는 소리에 지나지 않겠지.

'말이 안 된다'는 것은 어쩌면 허무맹랑한 이야기에 대한 수식이 아니라, 상상력 없는 사람들의 손쉬운 변명에 지나지 않는 것 아닐까? 그러니까 어떤 승려가 불경을 외며 베로나 시내를 걸어 다니는 것도 기록에만 없을 뿐 백 퍼센트 불가능한 일이 아닐지도 모른다. 길을 잃은, 혹은 모험정신이 뚜렷한 승려가 수행을 하려 서쪽으로 서쪽으로 걸어갔다면?

그런 사람이 한 명도 없다고 단언할 수 없는 일이었다. 하지만 만약 그런 승려가 단 한 명이라도 존재했다면 그 동쪽에서 온 이방인이 분명히 줄리엣들의 결혼식을 도와줄 것이라는 가정에는 백 퍼센트 확신이 들었다.

등장인물에 대한 얘기를 들은 사람들은 "오, 로미오 몬테규가 줄리엣 몬테규가 되었군요?" "사촌오빠인 티볼트가 친오빠가 되었네요?" 하는 반응을 보이다가 마지막에 가서는 눈을 동그랗게 뜨고 되물었다. "승려요? 여기 스님이 나와요?"

처음에는 그런 반응들에 민망했다. 역시나 아무래도 설득력이 떨어지는 것이 아닌가 싶어 구구절절 승려가 나오는 배경을 먼저 설명하기도 했다. 하지만 비슷한 질문과 표정을 여러 번 만나게 되니 나 자신도 뻔뻔해졌다. 부처님과 같은 미소로 "네~ 스님이 나와요." 하면서 합장을 하고 절을 했다.

왜 그런 인물을 등장시켰냐는 질문이 빠지지 않고 들어온다는 것은 어쩌면 많은 사람이 쉽게 납득하기 어려운 지점이 있기 때문일 것이다. 시대와 공간적인 배경과 어울리지 않는 것이 가장 큰 이유라고도 예상된다.

하지만 베로나의 골목 귀퉁이, 햇빛도 잘 들지 않는 어둑하고 좁은 승려의 방 안에서 낯선 종교를 가지고 수행하는 이방인 앞에 선 두 줄리엣을 그려보면 그냥 그 그림이 꼭 알맞다는 느낌이 들었다. 두 줄리엣의 절실함이, 낯선 수행자의 포용력이, 고귀하다 느껴질 만큼 생경한 결혼식이 이 작품에 필요했다. 결혼이라는 가장 전통적인 사랑의 약속을 최대한 낯선 형태로 끌고 가는 것이 우리 주인공들에게 가장 어울리는 방식이었다. 뚜렷한 개별성을 가진 이들, 각자가 가진 고유한 질감 때문에 세상과의 불화를 느끼는 이들이 함께함으로써 만들어내는 아름다움이 거기에 있었다.

"하늘 아래 자격 없는 사랑이 없고
땅 위에 차별받아야 할 생명이 없습니다.
오늘 이곳에서 두 명의 여인이
부부의 연을 맺고자 합니다.
부디 부처님의 자비로 두 사람의 결혼식을
축복해주소서."

울게 하소서

배우들은 눈물이 많은 편이다. 모든 배우가 그런 것은 아니겠지만, 아무래도 감정을 사용하는 직업이다 보니 감수성이 예민한 사람이 많다. 여기까지 적어놓고 함께 작업한 배우들을 다시 한 번 떠올려본다. 정정한다. 내 주위의 몇몇 여자 배우들이 유독 눈물이 많은 것 같다. 특히 〈줄리엣과 줄리엣〉을 함께한 배우들은 더욱.

닭이 먼저냐 달걀이 먼저냐가 되어버리는 것 같은데, 눈물이 많은 사람들이라 작품을 하면서 많이 우는 것인지 작품이 슬퍼서 참여하는 배우들이 자주 울게 되는 것인지는 모르겠다. 다만 리허설과 공연을 하면서 수시로 터지는 눈물 때문에 더 많이 울기도 했고, 또 한참을 웃기도 했다.

연습기간 동안 내게 가장 익숙했던 사운드 중 하나

는 희연이의 코 훔치는 소리였다. 희연이와 나는 각각 줄리엣 역할을 맡았기 때문에 눈물 흘리는 장면이 많았다. 연기라고는 하지만 수십 분 동안 울면서 감정을 소모하고 나면 아무래도 지치기 때문에 나는 다른 배우들의 장면 연습, 특히나 7장에서 줄리엣이 엄마 캐플렛과 오빠 티볼트와 대화하는 장면은 집중해서 보지 않았다. 까딱하면 대사 하나에 마음이 걸려 넘어져 울음이 터져버렸기 때문이다. 최대한 시선을 돌리고 장면과 거리를 두었다. 그러다가도 한 번씩 배우들의 숨소리 한 번에 무너져버려 눈이 벌게지기 일쑤였다. 그래서 더욱더 조심했다. 절대로 집중하지 않기 위해서.

그런데 희연이는 늘 6장에서 로미오와 줄리엣 몬테규가 나누는 대화를 듣고 연습실 귀퉁이에서 눈물과 함께 콧물을 쏟았다. 그러고선 최대한 조용히 흘린 코를 수습하며 들이마시는데 그 소리가 그렇게 정겨웠다. '우리 줄리엣이 나와 함께 울어주고 있었구나.' 하는 다정함을 희연이의 코 먹는 소리로 확인했다.

한번은 공연 중 6장과 7장 사이, 암전 상태에서 무대전환을 하는데 희연이가 조용히 코 훔치는 소리가 내 귓가를 스쳤다. 난 치사하게 감정 아끼려고 연습 때고 공연 중에고 맨날 고개를 돌려 심호흡만 하고 있었는데, 희연이는 무대 뒤편에서도 마음을 다해 그 장면을 바라봐주고 있었던 것이다. 그래도 희연이는 나를 이해해줄 것이다. 내가 희연이보다 체력이 훨씬 약하니까. 난 눈물을 쏟으면 기진맥진해 드러누워 버린다는 것을 잘 알고 있으니까.

안나 언니는 캐플렛에 캐스팅 됐을 때 걱정이 많았다고 한다. 〈줄리엣과 줄리엣〉이라는 작품을 너무 좋아했고, 창작집단 LAS와 함께 작업하고 싶었지만 줄리엣의 사랑을 이해하지 못하는 캐플렛에 이입할 수 있을까 자신이 없었다고 했다. 그런데 웬걸. 첫 리딩부터 딸을 너무나 사랑하는 목소리로 줄리엣의 존재를 부정하는 대사들을 막힘없이 치는 것이 아닌가. 울먹이며 애절하게 설득하더니 눈물을 뚝뚝 떨구며 차갑게 딸을 외면하는 언니의 모습을 보고 나는 그 자리에서 오열하고 말았다. 그렇다니까! 그래서 내가 7장 연습을 몰입해서 보지 않는 것이다! 리딩에서부터 이런 연기가 나올지 몰라서 그만 방심한 찰나 탈수기에 돌려진 것처럼 탈탈 털리고 말았다.

리딩이 끝난 후 언니는 자신이 이렇게 이입해서 대사를 칠 줄도 몰랐고, 대사일 뿐인 말들을 내뱉으면서도 너무 미안해 가슴이 아팠다면서 여전히 울먹거렸다. 연습이 더해질수록 언니의 몰입도는 깊어졌고, 나는 더욱더 연습 장면을 보지 않으려 노력했다. 정말이지 오늘치 체력이 까딱하면 순식간에 소진될 테니까.

네릿서들은 어떠한가. 21년도 공연에서 네릿서 역할을 맡았던 주희 언니의 베스트 눈물 모먼트는 무대인사 때였다. 마지막 공연을 마치고 차분히 소감을 말하던 주희 언니가 "그런데 이거 되게 슬픈 이야기잖아요." 하면서 별안간 뿌앵하고 눈물을 터뜨렸을 때 나는 그 귀여움에 빵터지고 말았다. 아이같이 일그러진 얼굴로 이 슬프고 아름다운 이야기와 함께해준 관객들에게 감사함을 표현하는 언니의 모습이 반짝반짝 빛났다.

초연부터 삼연까지 네릿서 역할을 맡았던 하리는 21년도 공연을 보고서 한껏 부은 얼굴로 분장실을 찾아와 "이거 원래 이렇게 슬픈 이야기였어요?" 하며 남은 눈물을 쏟아내었다. 무슨 소리냐고, 네가 이 공연을 몇 번 했는지 아냐고 되물어봤을 때 하리는 여전히 울먹이면서 답했다. "저 이 작품 관객으로는 처음 본단 말이에요." 하리는 그날, 이전 공연에 함께 출연한 배우가 아니라 온전히 관객으로서 작품을 관람한 것이다.

둘 다 귀엽기로 작정을 했는지. 남이 진심으로 흘리는 눈물에 웃음이 터지면 안 되지만 그 말랑한 마음들이 몹시도 사랑스러워 웃을 수밖에 없었다. 물론 현실에선 손가락질 하면서 놀리는 것도 잊지 않았지만.

그래도 승려 역의 지혜는 소리꾼이니까 좀 다를 거라고 생각했다. 내 주위의 여자 배우들은 유독 눈물이 많으니까. 그래. 우리는 시간만 나면 눈물을 흘리는 서로의 얼굴을 보며 "울어? 울어?" 하고 놀리는 게 일과니까 그렇다 치더라도, 지혜는 아니겠지. 고장 난 수도꼭지처럼 언제든 눈물 흘릴 준비가 된 우리와는 어딘가 다를 것이라고 굳게 믿었다. 연출가가 단톡방에 올린 사진 한 장을 보기 전까지는.

기쁨 연출과 지혜 배우는 〈줄리엣과 줄리엣〉 연습과 동시에 지혜가 대표로 속해 있는 '판소리공장 바닥소리'의 공연 연습을 함께 하고 있었다. 연극 연습을 끝내고 판소리극 연습을 하러 가는 사이, 두 사람이

식사를 하다 지혜가 갑자기 줄리엣들의 청혼 장면이 얼마나 아름다운지 이야기하면서 대뜸 울기 시작했고 연출가는 빠르게 그 모습을 핸드폰에 담았다.

사진 속 지혜는 떡볶이 그릇을 앞에 두고 휴지로 눈물을 닦아내고 있었다. 다른 배우들은 연습 중이나 공연 전후에 울었지 식사하다 말고 눈물을 훔치진 않았다. 이 친구, 보통 아니겠군. 지혜와 처음으로 작업을 한 나는 앞으로의 리허설에 수많은 눈물고비가 있으리라 흐릿하게 예상했다.

처음으로 대사를 외우고 결혼식 장면을 연습하는 날이었다. 사랑하는 연인과 결혼을 하는 줄리엣의 벅찬 심경을 가슴에 담고 승려 앞에 섰다. 인자한 승려의 얼굴로 줄리엣을 맞이한 지혜가 나와 눈이 마주친 순간, 눈물이 터져버렸다. 대사를 잇지 못하고 고개를 돌리는 지혜를 보며 생각했다. 또 한 번 동료배우를 놀릴 기회가 찾아왔다고.

"야! 우리 결혼식인데 스님이 울면 어떡해?"
"아니, 언니가 먼저 울고 있었잖아!"
"뭔 소리야! 나는 내 결혼식이니까 당연히 벅차서

눈물이 고이는 거지! 내 결혼식이니까. 근데 거기서 스님이 왜 우시냐고요!"

"아, 몰라요!"

줄리엣들을 애틋하게 아끼는 지혜의 마음을 잘 알고 있었다. 하지만 그 마음을 보드랍게 토닥이는 것보다 얼른 웃으며 놀리고 싶었다. 연습의 초반부니 이런 여린 마음이 불쑥 나오는 것일 테니까. 이 감정에 익숙해지면 지혜를 놀리는 일도 더 이상 없을 테니까.

하지만 내 예상은 철저히 빗나갔다. 첫 공연이 올라가는 순간까지도 내게 지혜를 놀릴 수 있는 기회는 한없이 열려 있었다. 지혜는 수시로 줄리엣들의 행복한 순간에 감격의 눈물을 글썽거렸다. 나는 이러다 공연 중에 대사를 못 치는 것 아니냐고 짓궂게 놀려댔다. 하지만 다행히도 지혜가 울컥해서 공연 중에 대사를 치지 못 하는 일은 없었다. 공연 중에는.

문제는 스페셜 커튼콜이었다. 스페셜 커튼콜은 정해진 기간 동안 커튼콜 인사를 마친 이후, 공연 중의 한 장면을 재연하여 관객들이 영상이나 사진으로 남길 수 있게 만드는 이벤트다. 실제 공연과 똑같이 실연을 할 때도 있고, 공연 장면과는 조금 다르게 변주하여 관객들에게 색다른 재미를 선사하기도 한다. 기획팀에서 스페셜 커튼콜로 등장인물 모두가 하객으로 참여한 결혼식 장면을 연출하자고 제안하자마자 나는 고개를 돌리고 말았다.

네릿서와 로미오뿐 아니라 티볼트와 캐플렛, 수많은 하객들 앞에서 치러질 식을 상상하니 감동 이상의 무언가가 목울대에 걸려버렸다. 작품 속에서 이루지 못한, 모두에게 축복받는 식을 올린다고 생각하니 말로 설명하기 어려운 복잡한 감정이 들었다. 작품 외적으로라도 줄리엣들에게 눈부시게 행복한 순간을 온전히 쥐어준다는 것이 너무나도 기쁘면서 동시에 가슴이 아팠다. 나뿐 아니라 다른 배우들 모두 눈시울이 붉어지고 코끝이 빨개져 있었다. 아마 모두들 비슷한 마음이었을 것이다.

스페셜 커튼콜 리허설이 시작됐다. 티볼트와 캐플렛이 환하게 웃으며 줄리엣 몬테규와 줄리엣 캐플렛을 맞이하는 것을 바라보니 헛기침 같은 울음이 목에 자꾸만 걸렸다. 잘못 쏟아내면 이상한 소리를 내며 울어버릴 것 같아 턱에 힘을 잔뜩 주고 승려 앞에 섰다.

나와 눈이 마주친 지혜의 눈에 눈물이 차올랐다. 이내 목이 메인 지혜가 대사를 끝까지 말하지 못하고 주저앉았다. 모두가 마찬가지였다. 우리 이러면 안 돼, 이러면 정말 스페셜 커튼콜이고 뭐고 망하는 거야. 농담으로 서로를 격려하며 울지 않으려 애를 썼지만 힘이 들었다. 슬픔도 기쁨도 아닌, 애틋함이라고 설명하기도 어려운, 연민도 절망도 무엇도 아니고 동시에 그 모든 것인 마음. 줄리엣들에게 정말 이러한 결혼식을 치르게 해주고 싶다는 간절함 같은 것이 모두의 목울대에 걸려 삼켜지지 않았다.

스페셜 커튼콜은 5일 정도 진행되었다. 첫 번째 스페셜 커튼콜에서 지혜는 좀 울먹이긴 했지만 무사히 성혼을 선언했다. 본인은 심장이 터질 것 같았다고 했지만 위기를 잘 넘겼다. 정작 지혜는 눈물을 삼키고 점잖게 결혼식을 진행시켰는데, 나는 또 재채기하듯 이상한 소리를 내며 울음을 터뜨려버렸다. 참으려고 할수록 감정들이 뒤엉켜 울렁이다가 제일 좋지 않은 타이밍에 폭죽 터지듯 터져버렸다.

다음 날은 기쁜 마음으로 환하게 웃으리라 다짐했는데, 안나 언니와 주희 언니가 한껏 미소 지으면서 눈물을 뚝뚝 흘리는 것을 보고 눈을 감아버렸다. 또 그 다음 날은 희연이가 엄마와 네릿서의 얼굴을 보고 "으앙" 하고 소리 내 울어버렸다. 어떤 날은 누나를 바라보며 훌쩍이는 로미오가 애틋했고, 공연 도중에는 할 수 없었던 축하를 마음껏 하며 결혼식 내내 싱글벙글한 티볼트를 보면서 함께 즐거웠다. 하객으로 참여한 관객분들은 손수건으로, 휴지로 눈가를 닦으면서도 어느 때보다 큰 박수소리로 축하해줬고, 들어본 적 없는 뜨거운 환호성으로 함께 기뻐해주셨다. 무대 바닥과 객석 의자에 떨어진 눈물방울들은 애니메이션 〈인사이드 아웃〉에서 기쁨이와 슬픔이가 함께 만든 구슬처럼 여러 색깔의 감정들이 섞여 있었다.

  그 눈물들을 보는 것은 소중한 시간이었다. 줄리엣들의 행복을 바라는 마음이 빚어낸 수많은 감정들이 거기 담겨 있었다. 내가 더 많이 울어버릴까 놀려대곤 했지만 함께 작품을 만들어준 배우와 관객들이 나와 비슷한 마음을 품고 있다는 것에 언제나 감사했다.

콜타임

공연 시작 시각의 약 3시간 전부터 분장 '콜타임'이 시작된다. 콜타임은 말하자면 출근 시간을 뜻한다. 분장 콜은 공연장이나 촬영장에서의 분장 시작 시간이므로 배우들은 각자의 콜타임보다 조금 이르게 도착하는 것이 좋다.

촬영장에서는 촬영 순서에 따라 콜타임이 정해지지만, 공연장에서는 보통 나이가 어린 배우의 콜타임이 가장 이르다. 물론 배우 개인의 일정에 따라 조정하기도 하지만 대체로 장유유서의 룰을 따른다. 출연 인원에 따라 짧게는 공연 시작 2시간 전, 길게는 4시간 전에 콜타임이 시작된다. 근 몇 년간 프로덕션에서 내가 가장 나이가 어렸던 경우는 없었기 때문에 나는 대체로 공연 시간 2시간 반 전쯤 극장에 도착한다. 간단한 식사류, 90퍼센트의 확률로 단무지를 뺀 김밥을 사 들고 쫄레쫄레 공연장으로 향한다.

도착한 후 제일 먼저 하는 일은 환복이다. 분장을 받는 동안과 몸을 풀 때 편하게 활동하려고 트레이닝복으로 갈아입는다. 공연 의상으로 갈아입을 때 메이크업이 묻어나지 않도록 상의는 지퍼가 달린 집업 스타일의 점퍼류를 입는다. 그리고 가져간 트레이닝복은 일주일에 한 번 정도 세탁을 하기 때문에 때가 쉽게 타지 않는 소재와 색상을 선택하는 편이다.

옷을 갈아입은 다음에는 식사를 한다. 내 앞 순서의 사람이 분장 받는 것을 기다리면서 오물오물 김밥을 삼킨다. 허기진 날에는 작은 컵라면 하나를 같이 먹으면 양이 딱 알맞다. 대신 극장은 음식물 처리가 어려우므로 꼭 국물, 건더기까지 깨끗하게 비울 각오를 해야 한다.

공연 전 식사가 부담스럽다는 이유로 간단한 샐러드를 먹거나 식사 자체를 거르는 배우들도 있지만 나는 탄수화물을 적당량 이상 섭취해야 힘이 난다. 〈줄리엣과 줄리엣〉 사연때는 극장에서 가까운 김밥집이 요즘 유행하는 '건강을 위한 김밥'을 판매하는 집이었는데, 밥 양이 어마어마하게 작았다. 나는 요즘 김밥

트렌드에 불만이 많다. 김밥은 밥이다. 밥이 없으면 김밥이 아니지 않을까? 지나친 탄수화물 섭취는 건강에 해롭다지만 김밥에 들어가는 밥 양이 넉넉해야 맛이 좋다. 그냥 개인적인 소견이다. 아무튼 그러한 소신에 따라 나는 극장에서 거리가 제법 되는, 밥을 넉넉히 넣어주는 김밥집에서 식사를 구매했다.

밥이 충분히 들어가 있는 김밥을 먹고 나면 내 차례를 기다려 얌전히 분장을 받는 것이 보통이지만 때로는 식사 전에 분장을 받을 때도 있다. 단톡방에서 지각자들의 간절한 외침이 울리면 순서를 바꾸기도 하기 때문이다. 중간에 공백이 발생하면 스케줄이 엉켜버리는 분장 선생님을 위해 배우 모두가 시간을 잘 지키려 노력하지만 여러 사정 때문에 늦어지는 경우도 있다. 앞선 일정이 길어져 도착 시간을 못 지키거나 아이가 갑자기 아픈 경우도 있고, 예상치 못한 교통 체증으로 늦어질 수도 있다. 이렇듯 지각자가 생길 경우, 순서를 달리 해 먼저 분장을 받기도 한다. 나 역시 [차가 너무 막혀서 늦을 것 같아요. ㅠㅠㅠㅠ극장에 계신 분 있으면 먼저 분장 받아주실 수 있나요? 죄송해요ㅠㅠㅠ다시는 이런 일 없도록 하겠습니다.] 같은 메시지를 보낸 적도 있다.

  분장을 받고 나면 요가매트를 집어 들고 무대 위에 오른다. 루틴에 따라 구석구석 몸을 점검한다. 목과 어깨를 먼저 스트레칭한 후 골반 위주로 균형을 다시 잡고, 전체적으로 몸을 충분히 늘린 다음 발성 훈련을 한다. 발성 훈련이라고 해봐야 거창한 것은 아니고 주로 혀의 긴장을 푸는 훈련 위주로 소리를 가다듬는다.

  배우들마다 몸을 풀어내는 방법은 다르다. 스트레칭은 가장 많은 선택을 받는 방법이지만 가볍게 뛰거나 줄넘기를 하는 배우도 있고, 근력 운동을 하는 배우도 있다. 마사지볼이나 젠링을 가지고 와 굳은 근육을 풀어내기도 한다. 몸을 풀면서 전체의 대사를 처음부터 끝까지 건조하고 빠르게 읊는 배우가 있는가 하면 실연과 같은 형태로 몰입하여 대사를 뱉어내는 배우도 있다. 몸을 푸는 시간은 결국 자연인인 내가 연극 속 인물로 변화하는 과정이기 때문에 각자 본인에게 적합한 방법으로 시간을 보낸다.

  나는 굳은 몸을 풀어내는 것에 집중을 하고 되도록 대사 연습은 하지 않는 편이다. 긴장된 몸과 마음을 조용히 풀어가면서 나를 조금씩 비워내는 시간이 없으면 불안해지기 때문에 심호흡을 길게 할 수 있는 종류의 스트레칭을 선호하는 편이고, 대사를 인물의 말로 처음 만나고 싶어 대사 연습을 따로 하지는 않는다. 다만 문어체 형식의 내레이션을 해야 하는 경우에는 실연 때의 에너지에 맞춰 여러 번 연습하기도 한다.

공연이 시작되기 약 40분 전 무대와 백스테이지는 분주해진다. 관객이 극장 안으로 입장하는 하우스 오픈 직전의 20분은 소품의 위치를 확인하기 위해, 어제 틀렸던 동선을 다시 맞추기 위해, 공연 전 마지막 긴장을 떨쳐내기 위해 배우들이 바쁘게 오간다.

첫 공연이나 마지막 공연 즈음에는 이 시간대에 '파이팅콜'이 있다. 파이팅콜이라는 단어에서 유쾌한 힘이 느껴지는데, 그야말로 공연 전 배우와 스탭들이 모여서 다 같이 파이팅을 외치는 시간이다. 하우스 오픈 5분 전에 모이라는 무대감독님의 명을 받아 팀원들이 무대 위로 모인다. 프로덕션마다 극의 색깔에 맞춰 구호를 달리 만드는데 우리 극단의 파이팅 구호는 하나로 정해져 있다. 'LAS'라는 단어가 '반짝반짝 빛나는' '갑자기 나타난' '타오르는' 등의 뜻을 가지고 있는 산스크리트어라서, 그 의미를 떠올리게 하는 소녀시대의 명곡 〈GEE〉의 한 구절을 개사해 함께 노래하고, 작품명과 파이팅을 붙여 외친다. 그러니까 〈줄리엣과 줄리엣〉의 파이팅 구호는 "너무 반짝반짝 눈이 부셔 라라라라스, 줄리엣과 줄리엣 파이팅!"이 되는 것이다.

처음 이 구호를 만들었을 당시 곡의 킬링파트가 극단 이름의 뜻과 지나치게 꼭 맞아떨어져 아이디어를 냈던 팀원에게 너무 1차원적인 것 아니냐고 면박을 주었다. 하지만 결국 시대를 풍미한 유행가의 신명남에 팀원 모두 절로 어깨를 흔들고 말았다. 이제 막 만들어진 신생 극단의 젊고 발랄했던 우리는 늘 명랑한 목소리로 그 노래를 불러제꼈다. 그때 낄낄대던 20대 중반 어디의 우리들은 십여 년이 훌쩍 지나서까지 이 구호를 노래하게 될 거라고 예상하지 못했다. 시간이 지나도 늘 한결같은 발랄함을 가진 이 귀여운 구호를 언제까지 부를 수 있을지 모르지만 중년을 지나 노년의 나이에도 여전히 같은 파이팅 구호를 함께 외칠 수 있다면 좋겠다고 생각한다.

하우스 오픈과 동시에 무대 위를 돌아다니던 배우

들은 우르르 분장실로 향한다. 마지막으로 헤어와 메이크업을 확인하고, 무대 의상으로 갈아입는다. 분장실의 조도를 낮추고 가글을 하거나 목 안을 촉촉하게 유지하기 위해 사탕을 녹여 먹기도 한다. 긴장을 풀고자 배우들끼리 가장 치열하게 농담을 나누는 것도 이 시간대인데, 어제 한 실수를 반복하지 않게 해달라 기도하는 동료를 놀리기도 하고 긴장한 채로 허둥지둥대는 배우에게 가벼운 면박을 주면서 웃을 일을 찾아 나선다. 보글보글 끓어오르던 해어(諧語)들은 공연 5분 전부터 묘하게 가라앉는다. 오프닝 장면에 출연하는 배우는 분장실에 남아 있는 배우들을 향해 허공에 주먹을 불끈 쥐어 보이며 무언의 응원을 보내고는 무대의 뒤편을 향해 걸어간다.

  등장로에 도착해 숨을 고른다. 백스테이지와 스테이지를 가르는 검은 천을 슬쩍 들어 조명을 받아 밝아진 무대바닥을 바라본다. 저 빛이 사그라들고 음악 소리가 커지면 곧 등장이다. 천을 조용히 내려놓고 숨을 고른다. 혼자 오도카니 서 있다가 갑자기 소스라치게 놀라며 소품의 위치를 다시 한 번 확인한다. 당연하게도 소품들은 아무 문제 없이 제자리에 있다. 텀블

러에 담긴 물을 한 모금 마신다. 로미오 역할의 영손이가 딜레이 1분이라고 멀리서 속삭이며 다시 주먹을 불끈 쥐고 응원의 신호를 보낸다. 관객들의 목소리가 들린다. 등장로와 가깝게 앉은 관객들의 대화소리는 곁에서 이야기 나누는 듯 생생하게 들린다. 심장이 윤곽이 보일 것처럼 뛴다. 언젠가 한 동료배우가 등장 직전의 기다림이 세상에서 제일 떨린다며, 이렇게 수명이 줄어들 것 같은 일을 왜 좋아하는지 모르겠다고 말한 적이 있다. 그 말을 하는 동료의 얼굴에는 설렘이 가득했고 나는 그가 이 일을 얼마나 사랑하는지 온전히 느낄 수 있었다. 가끔 대기를 하다 보면 그때 그 말이 떠오른다.

무대 위로 걸어 나가면 오히려 사라질 긴장을 가만히 만지며 어둠 속에서 등장을 기다린다. 한송희도 줄리엣도 아닌 이 순간은 곧 사라질 것이다. 멀리서 극장 문을 닫고 커튼 치는 소리가 들린다. 무대 바닥이 점점 짙어진다. 음악 소리가 조금씩 고조된다. 무대의 안과 밖이 모두 완벽한 어둠이 된 그 순간, 줄리엣의 콜타임이다.

여주인공, 여자, 주인공.

연습실에 냉기가 돌았다. 몇 차례나 잘 설명했다고 생각한 디렉션이 통하지 않으니 연출가의 표정이 굳어갔다. 평소에는 기쁨이가 숨만 들이쉬어도 곧바로 다음 말의 의도를 알아차리던 희연이 역시 석연찮은 얼굴로 시선을 피했다. 두 사람의 의견 차를 좁혀보겠다고 통역도 하고, 분위기를 풀어보려 실없는 소리도 던져보았지만 이미 얼어붙은 공기는 쉽게 녹아내리지 않았다.

 초연 연습 초반, 연출가의 요구는 배우가 선택한 가녀리고 부드러운 대사톤을 조금 더 편안하고 단단한 분위기로 바꿔보자는 것이었다. 발성이 좋고 다양한 톤의 목소리를 자유자재로 구사하는 희연이에게 그리 어려운 요청이 아니었을 텐데도 배우는 연출가의 디렉션을 수행하지 못하고, 아니, 꺼려하고 있는 듯했다. 풀이 죽은 얼굴로 말하기를 주저하던 희연이가 조용히 중얼거렸다.

"줄리엣스럽지 못하다고 할 것 같아."

희연이는 자신이 줄리엣 캐플렛 역할을 맡는다는 것을 몹시 부담스러워했다. '줄리엣'이 가지는 전형성을 소화할 자신이 없다는 것이었다. 사랑 이야기 속 여주인공에게 요구되는 여러 가지 기대들(소위 여성스러움이라고 뭉뚱그려지는 이미지의 외모나 행동)을 충족시킬 수 없을 것 같다고 말이다. 나는 줄리엣을 그러한 인물로 그리지 않았으니 전혀 그런 걱정을 할 필요가 없다고 달랬다. 희연이는 내 의견에 동의하면서도 관객들의 마음은 다를 것 같다고 말했다. 그들은 〈로미오와 줄리엣〉의 '줄리엣'을 기대하고 올 것이라고. 올리비아 핫세와 클레어 데인즈로 각인된, 로미오가 한눈에 반한 미모의 소유자. 그리고 자신이 연기할 줄리엣이 그들의 기대를 배반하게 될까 봐 두렵다고 고백했다. 나는 그런 편견에 부응할 필요가 없다고 힘주어 주장하고 싶었지만 쉽게 입이 떨어지지 않았다. 나 역시 비슷한 종류의 두려움을 경험한 적이 있기 때문이었다.

대학교 4학년, 워크숍 공연 오디션을 하루 앞두고 있던 날이었다. 연극영화학과 건물 곳곳에서 오디션 준비가 한창이었다. 워크숍 작품으로 〈베니스의 상인〉을 공연하기로 결정되었고, 일곱 명의 여자 배우들 중 단 한 명을 제외하고는 모두 주인공인 포셔 역할에 지원을 한 상황이었다. 나 역시 포셔의 대사를 중얼거리며 연습실 이곳저곳을 배회하고 있었다.

마침 졸업한 선배 A가 학교를 방문했다. 오디션을 준비하던 서너 명의 배우들이 A선배에게 연기를 점검해달라고 요청했다. 선배에게 연기를 봐달라 하는 것은 오디션 기간 동안의 전통 비슷한 것이었는데, 나보다 많이 배운 선배의 연기 지도를 받고 싶은 마음 반 오디션 준비를 하는 다른 학우들의 연기를 염탐하고 싶은 마음 반 정도가 섞여 서로를 견제하면서 동시에 팁을 얻어가는 치열한 경쟁의 순간이었다. 배우 서너 명이 연달아 같은 장면을 연기했고 곧이어 나보다 7년 일찍 학교에 입학한 A선배의 평가가 시작되었다. 학생 배우들은 선배의 조언을 얼른 받아 들고 어떻게 소화시킬까 고민하고 있었.

다음은 내 차례였다. A선배의 피드백을 기다리며

나는 기대에 부풀어 있었다. 나름대로 오디션 준비를 잘했다고 자부하고 있었기 때문이다. 오디션 지정 대사는 포셔가 하녀 네릿서에게 남편인 바사니오를 돕기 위해 남장을 하자고 제안하는 장면이었다. 나는 발랄한 톤으로 포셔의 대사를 읊다가 남자 행세를 할 때는 팔자걸음을 걷고 사투리 억양으로 말하면서 변화를 확실하게 주었다. 베니스 법정에 남장을 하고 나타났을 때 남편을 비롯한 모두가 포셔가 여자라는 것을 알아차릴 수 없게끔, 목소리 톤뿐만 아니라 말투와 억양까지 바꾸는 것이 효과적이고 흥미로울 거라고 판단했다. 셰익스피어의 대사를 경상도 사투리로 말하는 것도 기발하다 생각했다. 내가 영어로 연기했다면 아마 영국 사투리를, 이탈리아어로 연기했다면 이탈리아의 다른 지역 사투리를 사용했을 것이다. 하지만 어차피 한국어로 포셔를 연기한다면 남장한 포셔가 자신의 신분을 감추기 위해 경상도 사투리를 쓰는 것이 재치 있는, 나름대로 납득이 갈만 한 선택 같았다. 물론 호불호가 갈리겠지만 나는 내 아이디어가 마음에 들었다.

 다른 배우들과는 결이 다른 캐릭터 분석을 마치고

나만의 무기를 십분 이용해 영리하게 오디션을 준비했다고 만족하고 있었다. A선배도 그 부분을 발견하고 나를 칭찬해주리라 믿었다. 그리고 이어질 A선배의 조언이 무엇이든 내 연기에 곧장 적용시키리라 눈을 반짝이며 그가 하는 말을 기다렸다.

"송희 잘하지. 잘하는데… 근데 솔직히 네가 아무리 잘해도 사실 너한테 포셔를 시키지는 않을 거거든?"

예상외의 답변에 몸이 조금씩 굳었다. 나는 침착하게 그 이유가 뭐냐고 되물었다. 납득할 만한 이유가 나오면 어떻게든 나의 불충분한 지점을 채울 각오를 단단히 하고서.

"이미지가… 일단 외모가 이미지에 안 맞거든? 포셔가 누구야? 미모와 지혜를 갖춘 막대한 재산을 가진 상속녀지? 그럼 예뻐야 되잖아. 근데 일단 얼굴이 이미지에 안 맞아. 솔직히 송희 네가 너무 예쁘고 그렇진 않잖아? 그렇다고 뭐 보이스도 그런 이미지에 맞는 것도 아니고. 그래서 네가 준비한 그게, 뭐, 뭔지는 알겠는데… 좋은데… 좋거든? 그런데 사실 이미지로만 보면 다른 애들이 훨씬 어울려. 그렇다고 네가 압도적으로 연기를 잘하느냐? 그것도 아니란 말이야. 그러니까 사실 네가 아무리 노력해도 안 될 가능성이 커. 아마 절대 안 될 거야."

  나의 분석도, 표현력도 아무 의미가 없게 만드는 대답이었다. 지금의 내가 그 말을 들었다면 내일 오디션 잘 볼 수 있게 팁을 좀 달랬더니 왜 악담 섞인 예언을 하고 자빠졌느냐고 일침을 가할 수 있었을 것이다. 그래, 당신은 뽑지 마. 근데 다른 연출들은 뽑을 수도 있는 거잖아? 지금 이 상황에 그딴 소리가 무슨 도움이 되지? 성을 내고 연습실 문을 박차고 나왔을 수도 있다. 하지만 학교를 졸업하고 현장에서 작업하고 있는 연출가 A의 말은 당시 학부생인 나에게는 절대적 진리처럼 느껴졌다. 오디션이 24시간도 남지 않은 그 시각, 선배의 말은 나를 완전히 무너뜨렸다.
  A선배는 어쩔 줄 몰라 엉엉 우는 나를 달래주면서도 어쩔 수 없는 현실을 받아들여야 한다고 조언했

다. 네가 아무리 울어도, 아무리 그 역할을 간절하게 원해도 절대 '여주인공'으로 뽑히진 않을 거라 덧붙이면서. 하지만 나는 선배가 말하는 현실을 받아들이기가 싫었다. 외적으로 충분히 아름다운 것, 전형적인 '여주인공'의 이미지를 갖추는 것이 극을 끌어가는 주연 자격의 전부인 양 말하는 데에서 부당함을 느꼈다. 물론 외양이나 목소리가 만드는 이미지 역시 캐스팅의 중요한 요소라는 것을 모르는 바는 아니었다. 하지만 내가 가진 개성이 예쁘지 않음으로 요약되어 평가절하당하는 것이 싫었다. 남들과 차별성을 가진 분석, 새로운 시도로 고전에 신선함을 부여하는 표현력으로는 이야기의 주인공이 될 수 없다는 선언 역시 받아들이기 힘들었다. 더군다나 이곳은 학생들이 교육을 받고 있는 학교가 아닌가. 학교 안에서조차 그 가치들이 인정받지 못한다면 내가 이곳에서 무엇을 배울 수 있는 건지 회의감도 들었다. 하지만 그 순간 내가 느끼는 부당함에 대해 토로하는 것은 그저 경험 없는 애송이의 불평, 예쁘지 않은 여자애의 한탄에 지나지 않았다.

A선배는 당시로부터 4년 전, 그러니까 05학번인 내

가 대학교 1학년이었을 때도 비슷한 종류의 조언을 한 적이 있었다. 네가 연기를 곧잘 하고, 열심히 한다는 것을 알고 있지만 너는 예쁘지가 않은데 어떻게 살아남을 거냐고. 너의 동기 여자아이들 역시 연기도 곧잘 하고, 다들 열심히 하는 데다 모두 너보다 예쁜 외모를 가지고 있으니 너는 각별히 노력해야 한다고. 문장으로 옮겨 적고 나니 그의 말은 조언이 아니었다. 그럼 무엇일까? 외모 평가를 동반한 언어폭력? 후배의 자존감을 짓밟는 가스라이팅? 아무튼 A선배는 내가 학부생인 시절 내내 나의 아름답지 못한 외모가 나의 능력과 노력을 모두 무용하게 만들 것이라는 지론을 펼쳤다. 배우로서의 첫 공연을 연습하던 1학년 때부터 학교에서의 마지막 공연이 될지도 모르는 4학년 1학기 워크숍 오디션 하루 전날까지. 너는 예쁘지 않기 때문에 남들보다 더 노력해야 하지만 너는 예쁘지 않기 때문에 그 어떤 노력을 한다 해도 '여주인공'이 될 수 없다는 일관성 뚜렷하게 앞뒤가 맞지 않는 주장을 했던 것이다.

  그러한 주장을 한 것은 A선배 한 사람만은 아니었다. A선배와 유사한 지론을 내게 설파한 선배와 동기

들도 꽤나 있었다. 그중 심보가 고약한 몇몇은 계속해서 "네가 아무리 노력해도" "네가 아무리 연기를 잘한다 할지라도" 아름답지 않은 외모 때문에 성공하지 못할 거라는 말을 자주 지껄였다. 수업시간에 강사가 여자 배우들에게는 성적 매력이 선택받는 배우의 척도가 된다는 말을 하던 시절이었다. 그리고 나와 나의 여자 동기들은 그 말을 금언처럼 받아들여 선택받는 배우가 되기 위해 어떠한 섹스어필을 해야 하는지 고민하곤 했다.

A선배의 말에 무너져 내린 다음 날, 오디션이 시작됐다. A선배의 말대로 심사위원이 날 포셔로 선택하지 않더라도 그냥 보여주고 싶었다. 포셔는 미모의 상속녀이기도 하지만, 용감하고 모험을 즐기는 인물이기도 해. 모든 사람이 그의 외모와 재산을 보고 구애하지만 결국 자신의 정혼자를 스스로 알아볼 줄 아는 혜안을 가진, 위기를 지혜와 재치로 넘기는 담대한 사람이야. 모두가 깜빡 속을 만큼 남자 흉내를 기가 막히게 잘 내는, 정숙한 숙녀와는 거리가 먼, 위트 있고 자신감 넘치는, 내가 연기하는 포셔는 그런 인물이 될 거야. 오디션이 끝났다. 그리고 그날 밤 결과가 발표

되었다. 〈베니스의 상인〉에서 내가 연기하게 될 캐릭터는 포셔였다.

학생 연출가와 워크숍 지도교수님은 내가 연기한 포셔를 좋아했다. 재치 있는 분석과 과감한 표현력을 특히 마음에 들어 했다. 그들 역시 내가 여주인공의 전형적인 이미지에 부합하지 않는다고 생각했지만 그 지점이 오히려 흥미로웠다고 평했다. 지도교수님은 모험이라고 말했고, 학생 연출가는 오디션을 가장 잘 본 사람에게 돌아가는 당연한 결과라고 말했다. 어제 눈물을 쏟았던 스튜디오 연습실에서 나는 얼떨떨한 마음으로 원하던 배역을 거머쥐었다. A선배의 변하지 않던 지론을 내가 무너뜨렸다.

이 에피소드가 A선배의 악독한 예언을 깨부시고 '여주인공'을 폐찬 나의 승리담으로 깔끔하게 끝났다면 얼마나 좋았을까. A선배의 지론은 산산히 조각났지만 그 조각난 악담들은 날카로운 표면을 지닌 채 내 몸속을 휘젓고 다녔다. 학생연출과 지도교수님은 동의했지만, 다른 동료들과 관객들은 내가 포셔라는 인물에 적합하지 않다고 생각할지도 모른다는 의심이 피어났다. 모든 사람이 A선배와 같은 눈으로 내가 어울리지 않는 역할을 맡았다고 말할 거라고, 내 외모와 목소리 때문에 많은 사람들이 공연을 보고 공감하지 못할 거라고, 그 모든 것을 극복할 수 있을 만큼 너의 연기력은 대단하지 않다고, 너는 이야기의 주인공이 될 자격이 없다고 외치는 소리가 하루가 다르게 커져갔다. 2009년의 봄, 〈베니스의 상인〉 공연을 앞두고 나는 처음으로 강력한 자살 사고(思考)를 경험했다.

다행히 자살을 시도하지는 않았다. 그리고 여러 크고 작은 문제를 기어이 뚫고 나가 무사히 공연도 마쳤다. 하지만 공연이 끝나고도 그 감각, 우연히 내게 교통사고가 일어나 나보다 여주인공에 적합한 누군가가 포서를 맡게 되는 편이 훨씬 나을 거라고 끊임없이 되뇌던 날들의 감각은 쉽게 지워지지 않았다. 그토록 원하는 배역을 따내고도, 이야기의 주인공이 되어 놓고서도 나는 계속해서 내가 부적합하다고 느꼈다.

내 몸속에 울려 퍼졌던 '너는 그 역할에 어울리지 않아.'라는 소리의 출처가 타인이라는 걸 이제는 안다. 하지만 당시에는 그 목소리의 주인이 나라고 착각했다. 그리고 스스로 자신감을 가지지 못하는 것조차 모두 내 능력의 부족이라고만 생각했다. 그 소리의 정체를 찾아 없애버릴 수 있다는 상상을 그때는 감히 하지 못했다. 목소리는 계속해서 내 몸속에 고여 있었다. 아주 오랜 기간 동안. 어쩌면 지금까지도.

 희연이의 시무룩한 얼굴에서 느껴지던 두려움이 어디서 왔는지 나는 알 수 있었다. 희연이 역시 십여 년의 연기 생활을 해오면서 어떤 목소리들을 수도 없이 들었다. 여주인공으로서 충분히 아름답지 않아, 충분히 섹시하지 않아, 충분히 신비롭지 않아, 충분히 날씬하지 않아. 충분히 여주인공스럽지 않다는 말은 언제나 충분히 좋은 배우가 아니라는 말의 이음동의어처럼 들렸기 때문에 희연이는 몹시 괴로웠다고 했다. 물론 희연이가 만난 모든 연출가가 그런 말을 한 것은 아니었다. 하지만 살아 있는 인물 대신 매력적인 여성상을 연기하라고 요구하는 연출가도 존재했다. 캐릭터가 다른 인물의 사랑을 받고 있는 경우라면 좀 더 높은 확률로 그런 요구를 들었다. 희연이는 그 요구가 부당하다고 느끼면서도 그 요구를 들어주는 것이 본인의 의무라고 여겼다. 이유는 단 하나, 좋은 배우가 되고 싶었기 때문에. 너무나도 좋은 배우가 되고 싶었기 때문에.

그래서 사랑 이야기 속 여자 주인공을 자신의 목소리로 연기하라는 주문은 희연이를 불안하게 만들었을 것이다. 여자 주인공의 목소리가 나와 같아도 될까? 더 매혹적이지 않아도, 더 부드럽지 않아도, 더 가냘프지 않아도 정말로 괜찮은 걸까? 그래도 될까? 의심이 들었을 것이다. 그 주문이 사실은 아주 오래전부터 희연이가 갈망해오던 것이었음에도 불구하고.

나는 얼른 희연이가 가지는 의문에 답을 내려주고 싶었다. 하지만 희연이라고 그 답을 모르는 것은 아니었다. 다만 '여주인공'에게 쏟아지는 터무니없는 요구들을 너무 오래, 너무나 강력하게 들어왔기 때문에 또한 좋은 배우가 되기 위해 그 요구를 성실히 이행해왔기 때문에 그 답을 마음으로 힘차게 동의할 수가 없었던 것이다. 감히 '여주인공'을 나와 닮은 모습으로 그려내도 괜찮은 것인지.

희연이가 그 의문으로부터 얼마나 자유로워졌는지는 알 수 없다. 하지만 희연이는 성실한 배우였다. 지난 십여 년간 가장 가까이에서 작업을 한 동료인 내가 안다. 희연이가 인물에 닿기 위해 얼마나 성심을 다하는지. 얼마나 온몸으로 인물을 담아내려 하는지. 희연이는 넘실대는 두려움을 안고 또다시 연출가의 요구를 충실히 수행하려 했다.

　희연이는 줄리엣 캐플렛에게 조금씩 제 목소리를 입히기 시작했다. 줄리엣 몬테규를 만난 줄리엣 캐플렛처럼, 내가 그려 놓은 밑그림뿐인 캐릭터에 희연이가 자신의 목소리로 수만 가지 색깔을 칠하는 것을 바라보는 것은 충만하고도 기쁜 일이었다. 우리는 '여주인공'을 수행할 수 없다는 압박감을 공유하면서, 〈줄리엣과 줄리엣〉에는 '여주인공'이 없다는 것을 조금씩 체험했다. 이 이야기의 주인공은 두 명의 여자, 그냥 그뿐이었다.

　우리는 우리의 목소리로 인물을 연기하면서 '여주인공'의 전형성이 아닌 이야기의 주인공이 가져야 할 고유함을 찾으려 애썼다. 여러 차례 공연을 거듭할수록 결과물이 조금씩 달라지긴 했지만 노력의 방향성은 늘 한 곳에 있었다고 자부할 수 있다. 그리고 그 노력의 결과물로 여러 관객들을 만났고, 뜨거운 공감을 받았다. 어쩌면 이제 희연이도 나처럼 나와 닮은 모습의 여자 주인공을 만들어내는 일이 나쁘지 않다는 것을 느낄지도 모른다. 나쁘지 않을 뿐 아니라 꽤나 경이로운 일이라고, 몹시도 벅차고 아름다운 일이라고 느낄지도 모른다. 그래서 우리는 과거의 우리에게 힘주어 말해줄 수 있을지도 모른다. 여주인공이 될 필요가 없어. 이미 너는 그 이야기의 주인공이야.

오히려 좋아

2021년, 네 번째 공연을 준비하던 중 문제가 생겼다. 캐플렛과 승려 역할의 배우 두 명이 일정 문제로 공연에 참여하지 못하게 된 것이다. 함께했던 배우가 재공연을 할 때 다시 참여하지 못하는 경우는 흔하다. 이미 초연, 재연과 삼연의 아버지 역할을 다른 배우가 연기한 바 있었고, 사연에 와서는 티볼트와 네릿서 모두 새로운 배우로 캐스팅한 상황이었다. 하지만 승려와 캐플렛 역할의 배우를 찾는 데는 비교적 시간이 오래 걸렸다. 특히 줄리엣의 아버지 역할을 맡을 만한 배우를 찾지 못해 연출가의 고민이 길어지고 있었다. 캐스팅을 완료해야 할 시점까지도 방도를 찾지 못해 걱정하는 연출가를 지켜보다 이전에 우리가 나눴던 이야기를 다시 꺼냈다.

"아버지를 어머니로 바꾸면 어때?"

'젠더프리' 캐스팅을 하자는 얘기는 아니었다. 몇몇 공연에서는 배우를 성별과 관계없이 캐스팅하는 경우가 종종 있었다. 성별이 고정되지 않은 배역에 남성과 여성을 동시에 캐스팅하거나, 남성 캐릭터를 여성 배우가 연기하는 식으로 말이다.

상대적으로 배역의 기회가 적었던 여성 배우들에게 더 많은 기회를 주기 위한 시도이기도 했고, 성별에 대한 고정된 시각에서 벗어난 새로운 해석으로 작품을 만들겠다는 의도이기도 했다. 관객들은 기존의 성역할에서 벗어나 신선한 모습을 보여주는 여성 배우들의 모습에 열광하기도 하고, 같은 역할을 다른 성별의 배우가 연기함으로써 넓어지는 작품에 대한 시각, 다층적으로 확장되는 메시지를 읽어내며 희열을 느끼기도 했다.

그러나 공연이 얼마 남지 않은 상황에서 캐스팅이 어려운 역할만 젠더프리 캐스팅을 하는 것이 좋은 선택이라고 생각되지 않았다. 더군다나 이 작품은 특정한 성별에게 강요되는 성역할에 대한 이야기를 하는 공연이기도 했다. 성별을 바꿔 캐스팅하는 것이 새로운 해석을 담을 수도 있겠지만, 그것이 우리가 만드는 작품과 꼭 맞는 선택인지 확신이 서지 않았다. 하지만 주인공의 아버지 캐릭터를 어머니로 바꾸는 것은 아무리 생각해도 그리 어려운 일이 아니었다.

  캐플렛이라는 인물을 가부장제의 상징으로 그려내고 싶었다. 별도의 이름을 따로 붙이지 않고 캐릭터 이름을 '캐플렛'으로 설정한 것도 그 때문이었다. 이름이 없이 성만 남은, 가문 그 자체가 되어버린 인물. 딸을 깊이 사랑지만 자식에게 기존의 질서를 답습하는 삶을 강요하는 명망 높은 가문의 가장. 그래서 자연스럽게 캐플렛이 아버지가 되어야 한다고 생각했다. 하지만 공연을 올리고 난 이후 의문이 들었다. 과연 가부장제를 대표하는 것이 남성 뿐일까?

  나는 가부장제 하에서 자라나 갖은 억압을 받고 살아왔으면서도 다시 가부장제를 옹호하는 여성들을 수도 없이 봐왔다. 결혼이 여자의 인생을 완성시켜 준다고 믿는 어머니, 아들을 낳아야 대를 잇는다고 믿는 할머니는 너무나 흔했다. 더군다나 가부장제 속에서 꽤나 만족스러운 삶을 살아온 여성들은 더욱 강력하게 제도의 룰을 지켜나갔다. 그들에게 남성을 위해 존재하는 여성이 된다는 것은 명예이기도 했다. 그러니 캐플렛이 어머니가 된다 하더라도 작가의 의도를 벗어나는 것이 아니었다. 어쩌면 다정하고 온화한 태도로 자식의 숨통을 조여 오는 부모의 모습을 그려내고자 했던 애초의 목표를 더 잘 이루어 낼 수 있을 것 같았다.

삼연을 마친 이후부터 연출가와 아버지 캐릭터를 어머니로 바꾸는 것에 대해 수차례 의견을 나눈 터라 우리는 긴 고민 없이 결론을 내릴 수 있었다. 누가 옆에서 우리 대화를 지켜봤다면 쟤들은 어쩜 저렇게 성급하게 결론을 내릴 수 있을까, 오해를 살 만큼 결정이 빨랐다.

"어머니로 가자."
"어머니로 가?"
"어. 가! 내가 빨리 고칠게. 생각해봤는데 사실 많이 안 고쳐도 돼."
"그래!"
"그래! 좋아!"
"그럼 이건 어때?"
"뭐를?"

"승려를 지혜가 하는 거야."

"미쳤다. 대박이다. 너는 천재다. 너는 캐스팅의 신이다."

"결혼식 때 소리 쫙- 하고, 장례식 때 구음 딱- 하고."

"너무 좋다. 소름 돋아. 으악 너무 좋다."

"너무 좋지?"

"야, 그럼 이건 어때! 승려를 젠더퀴어로 가는 거야!"

"아예?"

"어, 아예! 남잔지 여잔지 알 수도 없고 규정도 안 내리는 그런 캐릭터로 가는 거지. 여자 배우가 그 역할을 맡았다고 승려를 여자로 바꿀 필요가 없잖아? 애초에 그 사람이 자기를 여자로도 느끼고 남자로도 느끼는 사람일 수도 있는 거잖아?"

"좋다! 좋아! 가자! 됐다! 이제 캐스팅 끝났다!"

"됐다! 이제 대본만 고치면 된다!"

맹세하건대 연출가와 나는 서로가 내는 의견에 무조건적으로 동의만 하는 관계가 아니다. 슬쩍 보기엔 모든 것이 즉흥적으로 결정된 것 같은 저 대화는 캐플릿이 반드시 아버지일 필요가 없다는 논의, 소리꾼인 정지혜 배우가 승려 역할을 맡았을 때 만들어내는 효과에 대한 이해, 그리고 퀴어의 사랑을 소재로 삼는 작품에 젠더퀴어 캐릭터가 등장하는 것이 어떤 의미를 가지는지에 대한 공감이 존재했기 때문에 가능했다. 평소에 틈틈이 각자의 작업과 세계관의 변화에 대해 자주 의견을 나눈 덕분에 결정적인 순간, 선택의 시간을 간결하게 만들 수 있었다.

사실 승려를 젠더퀴어 캐릭터로 만들자고 호방하게 먼저 질러 놓고도 이런저런 고민들이 따라붙었다. 베로나에 등장한 이방인, 이교도이기도 한 그가 특정 성별을 가지지 않은 젠더퀴어라니. 너무 많은 소수자성을 한 인물에 몰아넣은 것은 아닐까? 관객들에게 설득력이 없는 캐릭터로 비치면 어쩌나 하는 걱정이었다. 하지만 이 작품은 주변 인물들이 상상도 하지 못하는 사랑을 하는 두 사람이 주인공인 이야기였다. 그러니 특정 관객들은 쉽게 떠올리지 못하는 성소수자가 아무렇지 않게 등장하는 것이 그 세계에 더욱 어울렸다. 현실의 소수자들이 자신의 존재의 이유를 타인에게 설득할 필요가 없듯, 작품 속 소수자들 또한 개연성을 따질 것 없이 그대로 존재해도 괜찮다고 생각했다.

수정을 시작하자 삼연까지의 공연에서 관객들이 네릿서를 바라보던 시선이 떠올랐다. 대본에는 네릿서가 무성애자인 것을 암시하는 대사들이 있을 뿐, 적극적으로 그의 성적 지향을 설명하는 장면은 없다. 어떤 사람들은 네릿서가 비혼주의라고만 생각했고, 어떤 사람들은 그마저도 알아채지 못했다. 그러나 몇몇 분들은 스쳐 지나갈 수 있는 작은 단서들을 붙잡아 그녀의 정체성을 알아봐 주었다. 같은 정보의 양을 가지고도 인물을 해석하는 방향이 달랐다.

나는 그 부분이 흥미로웠다. 작품 속 인물을 바라보는 것과 현실 속 타인을 바라보는 것이 크게 다르지 않다는 걸 느낄 수 있었다. 나는 사연에서 새롭게 만날 관객들, 그리고 이전에도 이 연극을 알고 지낸 관객들이 우리가 새롭게 만든 인물들을 어떻게 느낄지 궁금해하며 대본을 수정해 나갔다.

대본 수정이라고 해봐야 대단히 달라질 것도 없었다. 아버지라는 단어를 어머니라고 고치는 작업, 캐플렛이 승려를 의문스럽게 보며 여잔지 남잔지 궁금해하면 승려가 여자일 수도 남자일 수도 있다고 대답하는 대사를 추가하는 것 외에는 크게 고칠 것이 없었다. 그러니까 긴 설명 없이 젠더퀴어 캐릭터를 이야기에 집어넣거나, 인물의 성격을 지키면서 캐릭터의 성별을 반전시키는 작업은 어려운 일이 아니었다. 오히려 애초에 왜 이런 생각을 하지 못했는지 의문이 들 정도로 작품과 잘 어우러졌다.

이전에 공연을 본 관객분들은 캐플렛이 아버지에서 어머니로 바뀌고 나서 더 깊은 공감을 하게 되었다는 감상을 남겼다. 모녀관계에서 빚어지는 특유의 애틋함 때문에 어머니의 이해를 받지 못하는 줄리엣 캐플렛에게 더욱 몰입되었다는 평이었다. 가슴 아프게도 자신이 커밍아웃을 했을 때의 어머니와 반응이 유사하다고 공감해주시는 분도 계셨다. 또 그 시대에 남편 없이 홀로 꿋꿋하게 집안을 이끌었을 캐플렛을 떠올리며 그가 살아온 삶을 상상하는 등 적극적인 해석도 이어졌다.

젠더퀴어 캐릭터의 등장에도 관객들은 반가워했다. 기존 관객분들은 승려에게 부여된 새로운 정체성이 캐릭터를 더욱 매력적으로 만든다고 전했다. 또 새롭게 공연을 본 관객들 중에는 실제로 승려가 남자인지, 여자인지 의문을 가지다가 "말하자면 저는 남자일 수도, 여자일 수도…" 있다고 하는 승려의 말에 성급하게 타인의 성별을 이분법적으로 나누어 생각한 것이 부끄러웠다고 고백하는 분도 계셨다. 또 소리꾼인 지혜 배우의 허스키한 보이스 때문에 당연하게도 남자 배우일 거라고 생각했다가, 배우의 실제 성별은 여자인 것을 알고 나서 놀랐다는 반응들도 자주 보였다.

여전히 베로나에 등장하는 승려의 존재에 의아함을 품은 분들도 많았지만 그 낯설어하는 감각 역시 이 연극을 만나 경험한 감정들이라고 생각하니 그런 반응들 모두 반가웠다.

캐스팅에 난항을 겪으며 어쩔 수 없이 바꿔야 했던 캐릭터 설정은 결과적으로 작품을 더 풍성하게 만들어주었다. 때로는 위기라고 생각한 순간들이 새로운 세계로 도약할 수 있는 기회가 된다. 그것이 진리라고 해도 나는 위기라는 것이 너무너무 싫지만, 당연하게 걸어가려던 길에 장애물이 나타난다면 이때를 떠올리면서 몸의 각도를 조금 틀 수 있을 것 같다. 장애물을 뛰어넘는 것만이 정답은 아닐 거라 생각하면서, 방향을 달리해 걸어가면 오히려 더 멋진 길이 펼쳐질 거라 기대하면서.

"이런 인간이 어떻게 여기 들어왔어?"

"제 두발로 걸어 들어왔지요."

"이건 여자야, 남자야?"

"아, 저는 말하자면 남자일 수도 또 여자일 수도…"

"거기, 누구 없니? 저거 끌어내!"

"저거, 요?"

"마음의 문을 여셔야 합니다."

"그게 무슨…?"

"마음의 문을 열어줄 약입니다.
번뇌를 사라지게 하고 평안을 가져다 줄 겁니다."

"이게요…?"

"50더컷입니다."

줄리엣과 줄리엣과 줄리엣

로미오가 누나를 부르며 등장한다. 줄리엣 몬테규는 로잘린의 사랑을 받지 못해 실의에 빠진 채로 멍하니 앉아 있다. 나의 눈동자는 허공을 바라보지만 흰자위는 객석에 앉아 있는 관객들을 훑는다. 몇 쌍의 관객들이 서로에게 몸을 꼭 붙인 채 무대를 바라보고 있다. 연인이라는 분위기를 물씬 풍기는 두 명의 여자들. 객석에 앉아 있는 또 다른 줄리엣들이다.

 썸을 타고 있을 것 같다든지, 지금 불타는 사랑의 한복판에 놓여 있을 것 같다거나, 조금은 식상해진 데이트 패턴에 활력을 불어넣기 위해 공연장을 찾은 것 같다는 식의 스토리가 엿보이는 관객들. 커튼콜 때 깍지 낀 서로의 손을 놓지 못해 다른 한 손을 부딪쳐 박수치는 여성들을 공연하는 기간 동안 자주 만날 수가 있었다. 데이트 상대가 없는 나는 그런 관객들을 보고 배가 아프다고 농담을 하곤 했지만 사실은 늘 뭉클했다. 레즈비언 커플들이 안전하고 자유롭게 사랑을 표현하는 공간이 〈줄리엣과 줄리엣〉이 공연되는 극장 안이라는 것에 자부심을 느꼈다.

줄리엣들은 SNS 메시지로, 손으로 쓴 쪽지로, 편지로, 그리고 내 눈을 바라보며 자신의 정체성에 대해 귀띔해주었다. 십 년이 넘는 시간 동안 대학로에서 공연을 해오면서 공연을 잘 봤다거나 위로받고 공감했다는 메시지를 전해주는 관객분들을 종종 만날 수 있었다. 하지만 〈줄리엣과 줄리엣〉을 관람한 관객들은 조금 달랐다.

코로나로 인해 사회적 거리두기가 시작되기 전, 2019년도까지는 공연을 인상 깊게 본 관객분들이 배우가 정리를 마치고 극장을 나설 때를 기다려 인사를 전하기도 했다. 프로그램북이나 티켓에 사인을 요청하거나 다정한 응원을 보내주는 방식으로 말이다.

주말 낮 공연을 끝내고 극장을 나섰는데 한 관객분이 다가왔다. 공연을 감명 깊게 봤다는 메시지를 전하다 잠시 숨을 고르더니 떨리는 목소리로 "제가 얼마 전에 제 와이프랑 결혼식을 올렸거든요." 하고 운을

띄웠다. 생면부지, 초면인 여성분이 결혼했다는 사실이 왜 그렇게 울컥했는지. 우리는 마주보고 눈물을 흘렸다. 나는 진심으로 두 사람의 결혼을 축하했고, 관객분은 그 축하를 기꺼이 받아주셨다. 눈이 부시게 빛나는 태양볕 아래에서 반짝이던 그분의 눈빛을 잊지 못한다.

이후로도 자신의 결혼 사실을 알려 준 분들이 몇몇 계셨다. 자신의 부인이 얼마나 아름다운지 자랑하는 분도 계셨고, 조심스럽게 두 사람의 웨딩사진을 보여주는 분도 계셨다. 그리고 꼭 결혼이 아니더라도 두 손을 맞잡고 내 앞에 나타나 우리가 연인이라 밝히는 여성분들도 자주 만났다. 그 모습들이 너무 아름다워서 나는 때에 맞지 않게 울컥하기도 했다. 단지 공연에 출연한 배우 앞에 다가가 자신이 누구인지 밝히는 고백의 값이 너무 귀해서 그랬다.

그 외에도 많은 분들이 "저도 줄리엣이에요."라는 말을 건넸다. 환하게 웃는 표정으로, 수줍은 목소리로, 눈물로 범벅이 된 얼굴로, 정성껏 눌러쓴 글씨로 자신이 누구인지 고백해주었다. 때로는 공연에 대한 어떤 화려한 후기보다 그 진솔한 고백들이 내게는 더 큰 의미로 다가왔다. 〈줄리엣과 줄리엣〉이라는 공연을 자신의 편으로 여긴다는 것, 그 연극을 만든 창작진을 신뢰해 자신의 조각을 거리낌 없이 보여준다는 것이 무엇을 말하는지 알 수 있었기 때문이다.

우리의 줄리엣들은 자신이 누구인지 고백하는 것에 그치지 않고 더 적극적으로 공연과 함께 해주었다. 재연과 삼연은 서울퀴어문화축제와 공연 기간이 겹쳤다. 팀원들 모두 퀴어축제를 즐기고 싶었지만 공연 시간 때문에 참여가 어려운 상황이었다. 하지만 극장 밖 줄리엣들이 재연 때 MD(기념상품)로 제작되었던 〈줄리엣과 줄리엣〉 손수건과 공연 팜플렛을 들고 퀴어퍼레이드에 참여해주었다. 무지개 깃발 사이로 손수건에 프린트된 손 잡고 달려가는 줄리엣들의 모습이 보였다. 마치 작품 속 줄리엣 몬테규와 줄리엣 캐플렛이 퍼레이드 행렬에 섞인 것 같았다. 공연의 마지막 장면처럼 두 줄리엣이 사람들 사이를 뛰어다니며 오래도록 춤을 추는 장면이 그려졌다.

다음 해인 삼연 때에도 다시 한 번 줄리엣들이 퀴어축제에 함께할 수 있었다. 이번에는 방법이 조금 달랐다. 관객 중 한 분이 '줄리엣과 줄리엣과 줄리엣'

이라는 이름으로 후원 모집을 한 것이다. 그 내용은 후원금을 모아 서울퀴어문화축제의 팸플릿에 〈줄리엣과 줄리엣〉의 포스터 이미지를 싣는 것이었다. 후원 내용을 홍보하고, 포스터 이미지를 받아 대사를 캘리그라피로 담아내고, 후원한 분에게 리워드를 준비하는 일은 몹시 번거롭고 까다로운 일이었을 것이다. 또 단지 작품을 응원하기 위해 일정한 금액을 후원하는 것 역시 쉽지 않은 일이라고 생각된다. 그럼에도 이 작품을 알리기 위해 혹은 〈줄리엣과 줄리엣〉 창작진, 그리고 작품을 사랑하는 관객들과 함께 퀴어 퍼레이드를 즐기고 싶은 마음으로 후원을 기획하고 참여한 분들께 마음 깊이 감사했다.

얼마 후 팀원들은 포스터 이미지가 실린 서울퀴어문화축제 팸플릿과 함께 두 개의 팔찌를 받았다. 하나는 퀴어축제 후원을 담당했던 쪽에서 제공한 '프라이드'라는 문구가 새겨진 팔찌였고, 다른 하나는 〈줄리엣과 줄리엣〉 단체 관람을 추진했던 관객분이 제작한 '지워지지 않아.'라는 대사가 각인된 팔찌였다.

작품의 마지막에 줄리엣 몬테규와 줄리엣 캐플렛이 입고 나오는 원피스 색상인 노란색과 초록색이 뒤

섞인 밴드에 각인된 그 문구가, 줄리엣들의 사랑은 결코 지워지지 않을 것이라고 외치는 극장 밖 줄리엣들의 선언 같았다.

그래서 '지워지지 않아.'라는 대사를 뱉을 때마다 줄리엣들이 각자의 방식으로 건네준 사랑의 힘을 보탤 수가 있었다. 내가 그들을 대신해 말하는 것이 아니라 그들과 함께 외친다는 마음으로.

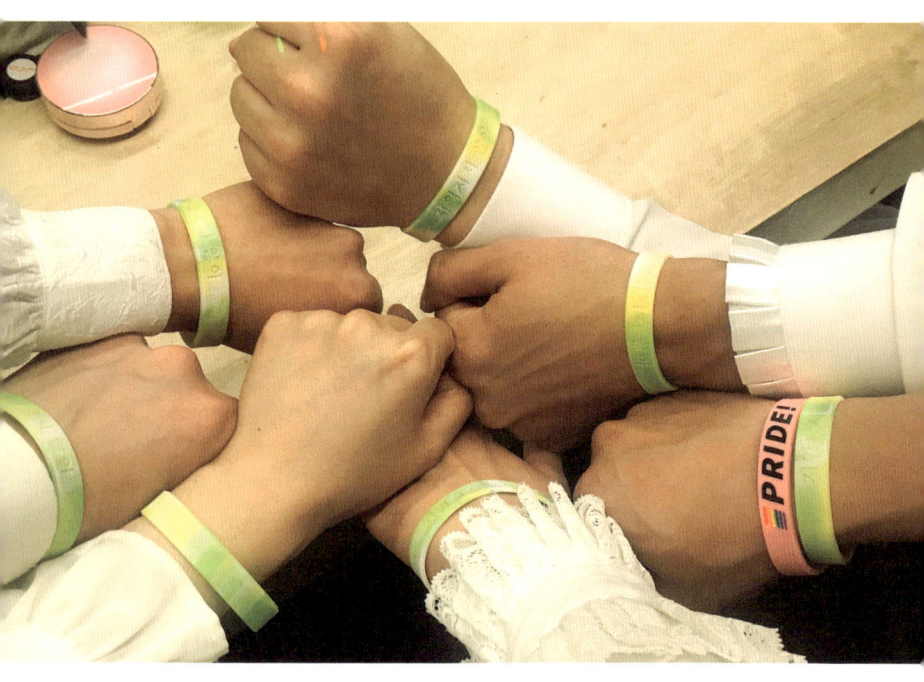

어떤 공연이나 관객의 존재는 귀하다. 코로나 시국을 지나며 더욱 깊이 깨달았다. 아무리 과정 그 자체가 의미 있는 작품이라도 관객을 만나지 못한 연극은 연극이 될 수 없다는 것을. 관객은 그 자체로도 너무나 소중하지만 유독 〈줄리엣과 줄리엣〉의 관객들에게는 더 애틋한 마음이 들었다. 이 공연을 본 줄리엣들은 아프지 않았으면 좋겠다고, 공연을 보면서 배제된다는 느낌을 받거나 상처받지 않았으면 좋겠다고 간절하게 바랐다.

이러한 마음이 창작자의 오만일 수도 있다. 관객이 공연을 보고 어떤 감정을 느끼는지 창작자가 통제할 수는 없다. 그들이 느낄 기쁨과 슬픔, 불쾌감 모두 관람한 사람의 몫이다. 그럼에도 불구하고 티볼트가 줄리엣 몬테규에게 쏟아내는 말들이, 줄리엣 캐플렛의 존재를 부정하는 캐플렛의 모습이, 결국 줄리엣 곁에 서지 못하는 로미오와 네릿서의 몰이해가 줄리엣들의 아픔을 건드릴까 봐 너무나 겁이 났다. 그래서 종국에는 공연을 하는 것이 두려워져 버렸다. 나도 모르게 누군가의 마음에 상처를 낸다면 이 공연의 의미라는 것도 모두 무가치한 것 아닐까 하는 생각까지 들었다.

내가 작가이기만 하거나 배우이기만 했다면 그 부담이 좀 덜어졌을지 모르겠다. 내가 쓴 글의 허점을 배우가 채워줄 수 있다는 믿음을 가지거나, 작가가 쓴 글의 의도를 믿고 걱정 없이 연기할 수 있는 입장이었다면 그러한 두려움에서 한 발을 뺄 수도 있었을 것이다. 가장 신뢰하는 연출가가 여느 때보다 섬세한 시각의 가이드라인을 제시하는데도, 존경하는 배우들이 작품의 힘을 믿고 성실히 그 세계와 사랑을 나누는데도 나는 의심을 떨칠 수가 없었다. 돌이켜보면 어떤 강박에 시달리는 것처럼 단 한 명에게도 상처 입히고 싶지 않다는 마음에 완전히 사로잡혔다. 그것이 결코 가능하지 않다는 것을 잘 알고 있었음에도 불구하고. 언제나 그랬듯 나의 의심의 힘은 강력했다.

사연의 첫 공연을 올린 지 얼마 안 되었을 때였다. 가라앉은 마음으로 무대에서 몸을 풀면서 내 마음을 들여다봤다. 이 터무니없는 욕심은 결코 이루어질 수 없는데, 이런 의심의 마음으로 연기를 하는 것은 상대 배우에게도 다른 모든 스탭들에게도 공연을 찾아와주는 관객들에게도 모두 실례인데, 어쩌면 좋을까. 어떻게 하면 이 작품이 누군가의 상처를 건드리고 괴로운 기억을 떠올리게 한다는 것을 알면서도 작품이 가지는 또 다른 의미가 있다고 믿으며 연기할 수 있을지 생각했다. 그러다 학부시절 수업시간에 늘 듣던 이야기가 떠올랐다. 연극의 기원은 '제의(祭儀)'라는 것.

그리스연극은 디오니소스 신을 위한 제의에서 출발했다고 한다. 한국연극에서도 죽은 사람의 넋을 기리는 굿(판)이 연극의 시초라고 말한다. 그러니까 이 연극도 하나의 제의일 수 있다. 이 작품을 세상의 편견으로 인해 상처받았을 줄리엣, 영혼이 죽어갔거나 실제로 목숨을 잃었던 줄리엣들을 위한 제사이자 기도라고 여기고 연기한다면 나에 대한 의심을 조금 거둘 수 있을 것 같았다. 그리고 내가 무대 위에서 티볼트의 공격적인 말을 들었을 때 그 말들을 내 몸으로 모두 흡수해서 극장 밖의 줄리엣들이 다시는 그런 말을 듣게 하지 않겠다는 바람을 담아 연기한다면, 공연을 보면서 괴로웠을 줄리엣들의 고통을 아주 조금이라도 덜어줄 수 있지 않을까 생각했다.

전혀 합리적인 생각이 아닐 수도 있다. 차라리 터무니없는 미신에 가깝다. 잘 알고 있지만 내게는 그 방법 외에 다른 도리가 없었다. 당신들에게 고통을 안겨줘서 미안하다고, 대신에 더 아픈 일이 생기지 않게 해달라 기도할 거라고. 어린 시절 꽉 찬 보름달을 보고 간절히 소원을 빌던 때처럼, 매일 기도를 올리는 마음으로 공연을 했다.

연기하는 것에 너무 많은 의미를 부여하는 것은 배역을 정확하게 분석하고 표현하는 것 이상의 과한 몰입일 수도 있다. 스스로도 이런 마음이 부정확하고 과잉된 연기를 하게 만드는 것은 아닐까 걱정했다. 하지만 내게 자신이 줄리엣이라고 고백해오던 그 눈빛들이 혹시나 이 작품으로 상처를 받는다면 가장 좋은 연기의 의미도 흐릿해질 뿐이었다. 그래서 내게는 여러 방법이 없었다. 미신이라 해도 기도하는 마음으로 연기할 수밖에 없었다. 이 기도가 반드시 이루어질 것이라 믿으면서. 줄리엣들이 줄리엣이라는 이유로 소외되거나 상처받지 않는 세상이 반드시 올 거라고.

현재를 정확하게 살아가기 위하여

어릴 적부터 내 꿈은 오직 하나였다. 장래희망란에 써낸 직업은 수시로 달라졌지만 내가 원하는 일은 연기를 하는 것뿐이었다. 그 이름이 때로는 성우일 때도 있었고 연극배우나 영화배우로 세분화되기도 했지만 연기하는 사람이 되고 싶다는 본질은 변하지 않았다.

초등학교 3학년이 되고 새 학기 첫날의 숙제는 커서 꼭 되고 싶은 직업에 대해 써오기였다. 나는 성우가 되고 싶었지만 선생님이라고 적었다. 이유는 엄마가 그렇게 적으라고 시켰기 때문이다. 나는 그날 일기장에 내 꿈은 성우가 되는 것인데 엄마 때문에 선생님이라고 적을 수밖에 없었다는 사실을 기록했다. 담임 선생님께 내가 제출한 내용이 진실이 아니라는, 모종의 이유로 거짓 장래희망 제출하게 되었다는 사실을 고발하기라도 하듯이.

기록에 의하면 그즈음부터 연기하는 일을 꿈꿨다. 1994년 6월 11일인지 12일인지에 작성된 일기에는 '성우가 되어서 많은 어린이들에게 꿈과 용기와 희망과 사랑을 어린이들의 마음에 심어 주고 싶다.'라고 적혀 있다. 정말 저 문장 그대로. 이상하리만치 강력한 어필이 엿보이는데, 훗날 저 일기를 다시 읽으며 꿈이 참으로 원대했구나 싶어 얼마나 웃었는지 모른다. 그리고 지금도 비슷한 바람을 가지고 있다는 생각에 또 한 번 웃음이 났다.

같은 날의 일기에 성우가 되고 싶은 이유는 '정말 말하듯이 읽는 것은 자신이 있기 때문'이라고 적혀 있었다. 국어 시간에 큰따옴표는 사람의 말을 표시하는 문장부호라는 것을 배운 이후로 사람이 하는 말은 정말로 그 사람이 말하는 것처럼 읽어야 한다는 생각에 꽂혔었다. 그때부터 큰따옴표 안의 문장들은 목소리를 바꿔가며 읽었다. 할머니가 하는 말이라면 할머니의 목소리로, 남자아이가 하는 말이라면 남자아이의 목소리를 흉내 내며 읽은 것이다. 수업시간에 누군가 소리 내어 책을 읽어야 할 때가 되면 선생님이 나를 지목하기를 고대하며 기다렸다. 큰 따옴표가 없는 부분을 읽게 되면 조금 실망하면서.

　내 '말하듯이 읽기'의 주 무대는 피아노 학원이었다. 치라는 피아노는 안 치고 학원에 비치된 동화책들을 큰 소리로 읽곤 했다. 그 모습을 지겹도록 지켜본 학원 선생님께서 "송희는 성우가 되면 좋겠다."라고 한 이후로 내 꿈은 성우가 되었다. 성우라는 것이 뭔지 몰라 선생님께 그게 뭐냐고 되물었을 때 목소리로 연기하는 사람이라는 설명을 들었다. 그 말이 너무 마음에 들어 내 마음속 장래희망란에 성우를 새겨 넣었다.

　배우가 아니라 성우를 꿈꾼 것은 내가 배우가 될 수 있다고 생각하지 못했기 때문이다. 조금 이상한 말일지 모르지만 나는 배우라는 것은 서울 사람만 하는 것인 줄 알았다. 그럼 성우는 부산 사람이 해도 되는 것인가? 구멍 난 논리에 의문을 가질 수도 있지만 만 9세 때는 그냥 그런 줄 알았다. 소위 탤런트나 영화배우로 불리는 사람들은 모두 서울말을 쓰고 있었고, 나는 나고 자란 도시인 부산 지역의 사투리를 쓰고 있었다. 텔레비전 드라마에 나오는 사람과 내 말투가 다르다는 것쯤은 확실히 알 수 있었기 때문에 '티비에 나오는 사람은 모두 서울 사람'이라는 판단을 내린 것이다.

그러다 초등학교 5학년 때 교실 뒤에서 놀라운 사실을 발견했다. 장래희망란에 당당하게 탤런트라고 적은 친구가 있었던 것이다. 탤런트? 우리 중 누군가가 탤런트가 될 수 있어? 그즈음이 되어서야 나는 부산에 사는 사람도 서울로 가서 말씨를 바꾸면 탤런트가 될 수 있다는 것을 알게 되었다.

분식집을 하던 그 친구네 가게에서 매일 떡볶이를 원 없이 집어먹으며 하루종일 상황극을 하며 놀았다. 그때까지 취침시각을 엄수해야 했던 우리 집에서는 10시에 방영하는 드라마를 볼 수 없었다. 〈장희빈〉이나 〈옥이 이모〉, 〈형제의 강〉, 〈꿈의 궁전〉 같은 작품은 전부 그 친구를 통해서 알게 된 드라마였다. 어째서 친구가 재밌어하는 드라마는 대부분 SBS에서 10시에 방영했는지 모르지만 어쨌든 나는 친구가 읊어주는 인물 설명에 맞춰 열심히 상황극을 했다. 호령을 하며 장희빈에게 사약을 내리기도 했고, 레스토랑 종업원이 되거나 가난하고 순박한 이모가 되기도 했다. 서로의 좁다란 방에서 주인공을 번갈아 하며 우리는 우리의 꿈 근처를 맴도는 놀이를 질리지도 않고 매일 이어 나갔다.

그때의 나는 오로지 큰따옴표만 기다리며 살았다. 만화책을 읽다가도 인물들의 대사를 소리 내어 뱉어 보고 그것을 녹음했다. 카세트테이프 속 내 목소리는 생각만큼 그럴싸하게 들리지 않았지만, 실망하지 않고 계속해서 녹음 버튼을 눌렀다. 다른 사람이 써 놓은 글만 읊는 것이 아니라 머릿속에 가상의 세계와 인물을 만들며 이 말 저 말 지어내 보기도 했다. 걸어 다니며 중얼중얼 내가 지은 말들을 내뱉었다. 현실보다 공상 속에서 더 자주 머물렀다. 공상 속의 나는 유명한 배우가 되어 종종 〈김혜수의 플러스유〉 같은 텔레비전 토크쇼에 출연하기도 했다.

시간이 지나면서 나는 점점 진짜 대본이 필요해졌다. 긴 줄글 사이에 가끔씩 나오는 큰따옴표로는 만족할 수 없었다. 중학생이 된 나는 PC통신을 통해 접속한 인터넷 세상에서 대본들을 줍고 다녔다. 당시에는 저작권 보호에 대한 개념이 약해 영화 시나리오들이 워드나 메모장 파일로 공유되고 있었다. 심지어 영화 〈시월애〉 공식 사이트에는 시나리오의 수정고가 버전별로 올라와 있기도 했다. 나는 되는대로 시나리오들을 모아 읽어보기 시작했다. 내가 제일 좋아한 작품은 내 또래들이 주인공이었던 〈여고괴담 두번째 이야기〉 대본이었다. 영화를 보고, 대본을 읽어보고, 다시 영화를 보고, 지문을 따라해봤다. 특히 공효진 배우가 맡은 지원 역할의 대사를 따라하는 것을 좋아했다. 대본에 나와 있지 않고 영화 속에만 나오는 대사들을 흉내 내며 이 말을 생각해낸 건 누구인지 추측하는 것도 즐거웠다. 성우가 되겠다는 꿈은 이제 모습을 조금 바꿨다. 나는 영화에 출연하는 배우가 된 내 모습을 그려보기 시작했다.

세상에 연기자가 되겠다는 꿈을 가진 자식을 두 팔 벌려 환영하는 부모가 몇이나 있을까? 불안정한 수입을 걱정하며 반대하는 부모가 태반일 것이다. 텔레비전 드라마에 수없이 나온 레파토리 아닌가.

자식   아버지. 전 음악이 하고 싶어요.
어머니   아니, 애가 지금 무슨 소리를… 여보. 쟤가 지금 제정신이 아닌가 봐요. 무슨 그런 실없는 소리를…

자식　　농담 아니에요. 제가 하고 싶은 일은 어렸을 때부터 음악 하나였다고요! 전 아버지 사업을 물려받을 수 없어요!

아버지　　(옆에 있던 물건을 집어던지며) 그딴 소리 할 거면 내 집에서 당장 나가!

　내가 봐왔던 90년대 드라마에 나올 법한 대사처럼, 부모님께 내 꿈을 밝히게 되면 위와 유사한 상황이 펼쳐질 것만 같았다. 비록 내게는 물려받을 가업 같은 것은 없었지만 어쩐지 내 꿈을 부모님께 알리는 것은 어려웠다. 그럼에도 꿈은 날이 갈수록 확고해져 갔다. 하도 떠들고 다녀 친구들 중 내 꿈을 모르는 사람이 없었다. 고등학교에 진학해 연극부 활동도 했지만 그것만으로는 만족이 되지 않았다. 슬슬 대입을 준비해야 하는 고2가 됐을 때 나는 더 이상 고백을 늦출 수 없었다. 하루빨리 연기학원을 다니며 입시를 준비하고 싶었다. 그러기 위해서는 부모님께 연극영화학과로 진학하고 싶다고 말해야만 했다.

　엄마의 반응은 내 생각보다도 거칠었다. 어쩌면 엄마가 무심하게 니 마음대로 해라, 라고 말할지도 모른다고 생각했는데 결과는 전혀 아니었다. 엄마는 드라마 속 어머니들보다 더 강력하게 화를 내기 시작했다. 배우를 한다는 건 말도 안 되는 소리라는 말로 시작해 우리 집안 사정으로는 절대로 너를 서울에 있는 대학으로 진학시킬 수 없다는 말로 이어졌다. 엄마의 주된 레퍼토리였던 "아빠가 알면 혼난다."는 소리와 함께. 엄마의 격렬한 반응에 나 역시 격렬한 대응을 보였다. 바닥을 구르며 운 것이다. 6세가 아닌 16세의 소녀가. 장난감 없이 집에 가지 않겠다고 마트에서 드러누워 버리는 어린아이처럼. 엄마는 "그럼 너는 마트에서 살아 엄마는 갈거야."라고 말하는 아이의 보호자처럼 "아빠 오면 보자."라는 말을 차갑게 남기고는 자리를 떠났다.

며칠 뒤, 날을 잔뜩 세운 채 음식을 나르는 엄마 앞에서 나는 조심스럽게 아빠에게 진로에 대해 말을 꺼냈다. 아빠는 조금 당황한 것처럼 보였다. 엄마는 아빠의 부정적인 기색을 읽은 뒤, 빠르게 나를 공격하기 시작했다. 다양한 이유를 대며 절대로 배우가 되게 내버려 둘 수 없다는 말을 변주하면서. 볼멘소리로 시작되었던 나의 반격은 엄마의 데시벨에 맞춰 소리를 높였다. 그러다 별안간 와장창하는 소리가 나며 밥상이 기울었다. "어디서 엄마한테 대드노!" 외마디 소리와 함께 아빠가 상을 밀쳐버린 것이다.

그릇에 담겨 있던 반찬들이 쏟아지고, 식탁보를 누르고 있던 유리판이 갈라졌다. 나는 그대로 얼어붙었다. 배우가 되고 싶다는 꿈이 가족들의 저녁상을 뒤집을 일이라고는 상상하지 못했다. 드라마에서나 나오는 장면을 생애 처음으로 목격했다. 가끔 엄하게 혼을 내거나 매를 든 적은 있어도, 이런 폭력적인 상황이 연출된 것은 처음이었기 때문에 나는 적잖이 충격을 받았다. 엄마, 아빠 몰래 간직해온 내 꿈이 상 위에 놓인 음식들과 함께 바닥으로 곤두박질쳤다.

꿈의 근거는 그저 좋아한다는 이유 말고는 별다를 것이 없었다. 하지만 열여섯 살 인생 절반 정도를 함께 해온 소망이라 쉽게 시들지 않았다. 부모님에게 내세웠던 가짜 꿈 뒤에서 진짜 꿈을 키워오던 시간은 이제 끝이 났다. 두 분을 어떻게 설득해야 하는지도 모른 채 연기에 대한 열망은 계속해서 끓어올랐다. 가문의 반대로 금지된 사랑을 하는 연인처럼 내 사랑 역시 더욱 불타올랐다.

내 사랑의 구원자는 아빠였다. 아빠는 지인들을 수소문해 입시 과외 하는 곳을 소개받았다. 그리고 나를 데리고 그곳을 함께 찾았다. 당시 고관(古館) 입구 근처에 있던 극단 '아센'의 연습실이었다. 어둑한 계단을 내려가자 지하층 특유의 쿰쿰한 냄새가 은은하게 풍겼다. 허름해 보일 수 있지만 꽤나 깔끔하게 정리된 연습실 곳곳에는 공연 포스터가 붙어 있었다. 연습실 구석에는 공연 세트들이 보관되어 있었고, 사무실 내부에는 각종 연극 관련 서적들이 빽빽하게 꽂혀 있었다.

이곳은 연극을 만드는 곳이구나. 가슴이 뛰기 시작했다. 누군가에게는 소박했을 그 공간이 내게는 대단하게 보였다. 아빠는 선생님들께 나를 잘 부탁한다는 말을 전했고, 그날 이후 나는 그곳에서 연기를 배우게 되었다.

"내는 어렸을 때 꿈이라는 걸 꿀 수 없었거든? 맨날 느그 할머니는 증조할머니랑 싸우제. 내는 그 소리 듣기 싫어서 새벽마다 논두렁에 나가 소꼴 베고, 꾸역꾸역 학교 가고, 살아가는 의미가 없었다. 미래가 없었다, 아빠는. 근데 니는 하고 싶은 게 있잖아. 아빠는 뭘

가를 하고 싶어 한다는 것 자체를 상상해본 적이 없거든? 아빠는 별 능력은 없지만 네가 하고 싶은 게 있으면 도와줄게. 할 수 있는 만큼 해봐라. 아빠는 꿈이 없었지만 니는 꿈이 있으니까."

그러니까 아빠가 밥상을 엎은 것은 내 꿈을 반대해서가 아니라, 정말로 내가 엄마한테 대드는 것이 싫어서였던 것이다. 아니, 딸이 가진 꿈을 선뜻 도와주겠다고 말하지 못하는 자신에게 화가 나서였을 수도 있다. 우리 집은 소위 말하는 예술계통으로 자식을 진학시킬 수 있는 형편이 아니었다. 아빠의 지원보다 엄마의 반대가 훨씬 합리적이었다. 그래도 아빠는 나의 희망사항을 저버릴 수가 없었던 모양이다. 자신이 한 번도 가져보지 못한 꿈이라는 것이 딸아이의 마음에 자라나고 있다는 것을 목격하고 말았으니까.

나는 다른 입시생보다 꽤나 긴 시간을 실기 준비에 쏟았지만 원하는 대학에 합격하지 못했다. 책상 앞의 '☆한양대학교 연극영화학과 인문과학대학 수석 합격☆'이라는 문구가 무색하게 입학 후보 번호 하나 받지 못하고 완전히 낙방했다. (실기로는 수석합격을 할 수가 없는데 왜 그런 목표를 설정했는지 아직도 의문이다.) 고3 입시에서 떨어지면 연극영화학과 진학을 포기하겠다는 약속을 했었기 때문에 더 이상 실기 수업을 받을 수 없었다. 불합격의 상처가 아물기도 전에 필기시험 준비만을 하는 재수생활이 시작되었다.

  재수를 해본 사람 누구 하나 그때를 그리워하는 이가 있겠냐만은 정말로 내게 재수생 시절은 지옥이었다. 공부를 해야 하는 게 문제가 아니었다. 연기를 할 수 없다는 사실, 그리고 앞으로도 연기자를 꿈꿀 수 없다는 사실이 제일 괴로웠다. 입시에 실패한 것이 곧 내가 연기자를 꿈꿀 자격이 없다는 선고 같아서 부모님과의 약속과는 무관하게 연극영화학과 진학에 대한 기회가 완전히 박탈당한 기분이었다. 하지만 다른 과를 가기 위해서는 도저히 공부할 의욕이 생기지 않았다. 부모님의 의사와 관계없이 어떻게든 연극영화과에 지원할 마음을 먹고 나서야 공부를 다시 시작할 수 있었다. 어차피 엄마, 아빠는 원서를 어떻게 넣는지도 몰랐다. 멋대로 원서를 넣고 합격만 하자. 그 이후에 어떤 일이 펼쳐지더라도 지금 당장 그런 마음을 먹지 않으면 영어 단어 하나도 외울 수가 없었다.

2005년 대입 합격 발표 날의 분위기를 기억한다. 부모님은 아침상을 차려두고 네가 원하는 그 학교에 붙어도 절대로 진학할 수 없다고 으름장을 놓았다. 이유야 늘상 들어오던 것들이었지만 이번엔 아빠까지 엄마와 합세해 같은 주장을 펼치니 풀이 죽을 수밖에 없었다. 결과가 나오기 전에 이미 불합격 통보를 받은 셈이었다.

　그날 오후, 심부름을 마치고 가게에 들렀더니 엄마가 조금 어색한 표정으로 얼른 집에 가서 합격 결과를 확인해보라고 말했다. 대학에서 전화가 왔다고. 불합격이었던 작년에는 울리지 않았던 전화벨이 울린 것을 보아하니 올해는 다른 결과가 있을 것 같았다. 부리나케 집으로 뛰어가 컴퓨터를 켰다. 커서 옆 모래시계가 몇 바퀴나 구른 다음에야 결과 화면이 떴다. 합격을 축하한다는 글씨가 빨간색으로 번쩍이고 있었다.

　불합격일 때는 멍하니 굳어 있었던 내가 합격이라는 글자를 보니 울음이 터지고 말았다. 드디어 해냈다는, 마치 내 꿈을 전부 다 이룬 것만 같은 벅찬 마음에 눈물이 난 것이다. 그 모습을 지켜본 아빠가 왜 우냐고 물었다. 대답을 하지 못하는 내게 "와? 학교 가지 말라고 할까 봐?"라고 말했다. 나는 끄덕이는 것도 젓는 것도 아닌 애매한 방향으로 고개를 흔들며 계속 울었다. 대견해하면서도 안타까워하는 얼굴로 아빠는 나를 물끄러미 바라봤다. 그러다 특유의 장난끼 넘치는 표정으로 "울지 마라." 하고 돌아서는 아빠를 보고 알 수 있었다. 아빠의 마음이 아침과는 달라졌다는 것을.

하지만 엄마의 반대는 흔들림이 없었다. 내가 서울에 있는 대학에 수석으로 합격한 것은 엄마의 자랑이었지만 연극영화학과에 진학한다는 것은 용납할 수 없는 일이었다. 엄마는 도대체 그게 왜 그렇게 하고 싶냐고 채근하듯 물었다. 내게는 이유가 명확하지 않았기 때문에 답할 말이 없었다. 어차피 엄마는 나를 이해하지 못하니까 무슨 이유를 대도 소용이 없다고만 생각했다. 서로의 뜻을 좁히지 못한 채 입학 등록일은 점점 다가오고 있었다.

"가라."

엄마와 단둘이 차를 타고 집으로 향하던 길이었다. 할머니 댁에서 돌아오는 길에 아빠는 볼일이 있어서, 동생은 친구와 약속이 있어서 차에서 내린 상황이었다. 엄마는 운전을 하고 있었고, 나는 보조석 뒷자리에 앉아 있었다. 나는 내가 들은 말이 무슨 말인가 싶어 다시 물었다.

"엄마가 다 느그 잘되라고 이날까지 고생하고 살았는데, 그래 가고 싶다는데 어쩔끼고. 이왕 고생한 거 몇 년만 더 애쓰면은 딸래미 하고 싶은 거 하면서 살 수 있다는데 고마 몇 년만 더 고생하지, 뭐."

엄마의 목소리는 여리게 떨리고 있었다. 나는 삐쭉대며 "엄마 고마워요. 진짜 고마워."라며 훌쩍였다. 가부장적인 할아버지 아래에서 책임감 있는 장녀로 자란 엄마는 한 번도 자신이 원하는 것을 하면서 살아본 적이 없었다. 진학도, 결혼도 모두 할아버지 뜻에 따라 결정되었다. 그래도 불평 없이 자신이 할 수 있는 모든 일을 씩씩하게 해냈던 엄마는 아마 부모님께 대들며 원하는 일을 하고 싶다고 고집하는 나를 이해하기 어려웠을 것이다. 바라는 것은 자식의 행복인데, 엄마가 그리는 행복은 안정과 연결되어 있었고 내가 꿈꾸는 직업은 굶어 죽기 좋다는 연극배우였다. 도대체 왜 그런 불안정한 길을 걷겠다고 하는지 이해할 수 없었지만 엄마는 내 결정에 힘을 보태주었다. 이해보다 사랑의 힘이 컸으니까.

원하던 연극영화학과를 졸업하고 나는 배우가 되었다. 친구들과 극단을 만들어 공연을 하고, 영화에도 드라마에도 출연했다. 연기상도 받았고, 나를 응원해주는 관객들도 생겼다. 세상에는 내가 배우라는 것을 모르는 사람이 훨씬 많지만 나는 내 어릴 적 꿈을 모두 이루었다. 꿈을 이루었으니 매일이 행복해야 할 텐데 그렇지 않은 날도 많았다. 부모님의 염려처럼 경제적으로 안정적이지 못한 날들을 지날 때 그랬고, 수년간 오디션에서 끊임없이 떨어졌을 때 그랬고, 내 능력이 충분하지 않다는 것을 확인하는 많은 날 그랬다. 내 방문을 자주 두드린 건 행복감보다는 괴로움이었다.

괴로움을 달래기 위해 나는 꿈을 수정해 나갔다. 더 유능한, 더 유명한 배우가 되는 것으로. 어떤 날에는 그 꿈들에 영원히 닿지 못할까 두려워 손 하나 까딱 못하기도 했다. 꿈 때문에 어디로든 달려 나갈 수 있었는데, 꿈 때문에 어디로도 갈 수 없는 기분을 느낄 때는 꿈이라는 것이 그저 족쇄처럼 느껴졌다. 꿈 그 자체가 아니라 꿈을 이루어야 한다는 나의 맹목이 내 목을 자주 졸랐다. 그래서 오랜 시간 나는 어떤 것도 꿈꾸지 못한 채, 그저 꿈을 이루어야 한다는 강박에 시달렸다. 나를 위해 희생한 부모님에게 더 빛나는 것으로 보답하지 못한다는 죄책감도 뒤따랐다.

그렇게 우울과 무기력으로 주저앉아 암담한 미래만을 계산하고 있을 때 물음표가 떠올랐다. 꿈을 모두 이루어야 해? 이미 네가 꾸었던 꿈은 전부 이뤘는데 뭐가 더 필요해? 더 많은 관심? 더 많은 돈? 더 좋은 실력? 필요해? 필요하다면 꿈꿔. 이루어지지 못해도 뭐 어때. 이루지 못할 것 같다고 아무것도 하지 못하는 것보다 이루고 싶어 안달을 내면서 어떤 행동이라도 해. 움직여. 이루기 위해 움직여. 움직이다 보면 어디로든 갈 거야. 그곳이 네가 꿈꾸던 곳이 아닐지라도.

나는 이루지 못할지라도 다시 희망을 가져보기로

마음먹었다. 무언가 이루어 내기 위해서가 아니라 지금 현재를 정확하게 살아가기 위해서. 상처받았다고 아무것도 기대하지 않는 삶은 무엇도 바꿀 수 없다는 것을 깨닫게 되었다. 오디션에 떨어진다 해도 다시 새로운 마음으로 배역의 기회를 바라며 오디션을 준비하는 것이 내게 배역을 주지는 못할지언정 나를 여전히 배우로 만들어주는 길이었다.

연기하는 것을 꿈꿔온 지 28년. 내 꿈은 나이를 먹으면서 그 모양이 바뀌었다. 좀 더 구체적이 되기도 하고, 좀 더 현실적이 되기도 했다. 한편으로는 여전히 허무맹랑한 색깔이 칠해져 있기도 하다. 인물의 특징을 더 섬세하게 표현하는 배우가 되고 싶어. 꾸준하게 돈을 버는 배우가 되고 싶어. 메릴 스트립이랑 연기하는 배우가 되고 싶어. 어린이를 비롯한 많은 사람들에게 감동을, 놀라움을, 웃음을, 꿈과 용기와 희망과 사랑을 주고 싶어!

하고 싶은 것을 하고 사는 것이 행복하지만은 않다고 투정 부리기도 하지만 사실은 대체로 진하게 행복하다. 여전히 새로운 작품을 파고들 때에 힘이 솟아나고, 낯선 캐릭터를 만나 그 마음을 살펴보는 일이 가장 설렌다. 마음 맞는 동료와 우리만의 세계를 만드는 일이 무엇보다 고귀하다 느끼며 지금도 길을 걸을 때 가상의 인물이 하는 말을 중얼거린다. 아직까지 캐릭터의 중심을 찾았을 때 느끼는 짜릿함보다 더 강렬한 자극이 내게는 없다. 하면 할수록 어려워서 나라는 배우가 자주 미워지다가도 문득 문득 연기하는 것이 너무나 좋아서 견딜 수가 없다. 그래서 여전히 간절하게 꿈꾼다. 어떤 형태라도 좋으니 좀 더 오래 연기할 수 있기를. 내가 사랑하는 이 일이 부디 나를 떠나지 않기를. 내가 내 꿈의 손을 놓지 않기를.

글 배우는 배우

어쩌다 작가가 되었는지 질문을 받으면 일말의 고민도 없이 즉답을 한다. 연기가 하고 싶어서 글을 쓰기 시작했다고. 내가 배역의 기회가 자주 주어지는 배우였다면 아마도 글을 쓸 생각을 하지 않았을 것이다. 하지만 많은 배우들이 그러하듯 학교를 졸업하고 프리랜서 연기자가 된 나는 연기를 하는 시간보다 연기하지 않는 시간이 더 길었다.

누군가 십여 년 전의 나에게 "2021년의 너는 연기하는 시간보다 글 쓰는 시간이 길어. 그때쯤 너는 여섯 개의 장편 희곡과 하나의 단편 소설을 쓰게 된단다."라고 말한다면 "무슨 소리 하시는 거예요? 저는 연기밖에 할 줄 모르고, 연기만 하고 싶다고요!" 하면서 빽 하고 소리를 지를 것이다.

실제로 비슷한 일이 있었다. 스물세 살 언저리에 친

구와 함께 타로점을 보러 갔다. 친구가 타로여신이라며 호들갑을 떨며 추앙하던 무속인 선생님은 타로카드로 점괘를 볼 뿐만 아니라 사주와 관상, 손금까지 읽어내시며 내게 배우일로 잘 풀릴 가능성이 적으니 스탭쪽 일을 하는 게 나을 거라고 말했다. 나는 글은 써본 적도 없고 미적 감각이 떨어져 디자인도 할 수 없으며 연출가가 하는 일이 뭔지도 모른다고 항변했다. 그러나 그 무속인 선생님은 그럼 배워서라도 하라고, 배우를 포기하라는 의견을 거듭 피력했다. 배우가 되고자 하는 욕망이 끓어올랐던 나는 그 무속인 선생님께 내가 원하는 대답이 나올 때까지 생떼를 부렸지만, 끝끝내 배우로 대성할 것이라는 답변은 얻지 못했다. 화가 머리끝까지 난 채 씩씩거리며 타로 점집을 나왔고, 친구는 내 옆에서 그분을 타로여신이라고 추켜세웠던 자신의 발언을 취소하며 눈꼬리가 축 처진 채로 한참 동안 내 눈치만 살폈다.

그즈음의 나는 배우가 아닌 다른 직업을 갖게 될까 봐 두려웠다. 연기를 할 수 없다고 생각하면 앞이 깜깜해져 버렸다. 꿈을 이루어야 한다는 강박이 있었는지도 모른다. 내가 다른 직업을 갖게 되는 것을 막기 위해 교직 이수 신청도 포기하며 내게 주어진 퇴로를 하나씩 차단했다. 훗날 생계를 위해 개인 과외나 연기 학원에서 수업을 하게 될 줄 알았더라면 그때 교직 이수라도 마쳐둘 걸 후회하기도 했다. 그 모두가 꿈으로 향하는 길을 이탈하는 것이 아니라 그 길을 걸어가게 하는 버팀목이 되어준다는 것을 알았더라면 다른 선택을 할 수도 있었을 텐데. 하지만 그때는 무엇에 홀린 사람처럼 연기 외의 다른 길을 생각하는 것이 끔찍하기만 했다.

하지만 정작 배우가 돼보고 나니 연기할 기회가 많지 않았다. 운 좋게 독립 영화에서 주요한 역할을 맡기도 하고, 친구들과 함께 만든 극단에서 공연을 하기도 했지만 연기를 하는 날보다 하지 않는 날이 훨씬 많았다. 대학을 졸업한 첫 해에 본 모든 오디션에서 몽땅 떨어졌고, 당시 신생극단이었던 창작집단 LAS는 제대로 된 지원금이 없어 1년에 공연을 한 번 올리기도 어려운 실정이었다. 연기를 연구하는 시간보다 아르바이트하는 시간이 더 긴 하루들이었다. 배우가 되지 못할까 봐 다른 직업으로 가는 길을 모조리 막았지만, 결국 배우를 하기 위해 다른 직업들만 전전해야 했다.

    대학을 졸업한 지 2년이 되던 해, 극단에서 신작을 준비하기로 했다. 극단 내 작가가 없었던 우리는 공동창작을 하자고 결심했다. 다 같이 모여 이런저런 아이디어를 던져보던 중 내가 말했다. 영화 〈러브 액츄얼리〉의 한국판 버전을 만들면 어떠냐고. 그런데 등장인물들을 대한민국 팔도에서 모인 사람들로 구성해 '팔도 액츄얼리' 같은 것을 만들어보자고. 팔도 액츄얼리라니. 다들 배를 잡고 웃었다. 단원들의 긍정적인 반응에 나는 만날 때마다 신이 나서 아이디어를 내놓았다. 공간과 캐릭터 설정, 주요 에피소드들을 생각나는 대로 마구 떠들었다. 말을 할수록 말이 붙어서 아이디어를 내놓으면 또 다른 아이디어가 줄을 이었다. 머릿속에서 캐릭터는 선명해졌다. 구체적인 장면들도 불쑥 튀어나왔다. 조금만 더 애쓰면 이야기 하나가 금방 완성될 것 같았다. 그러고 나니 이 이야기를 내 손으로 완성시키고 싶다는 욕심이 나기 시작했다. 그리고 내가 아이디어를 이만큼이나 냈는데, 이걸 공동창작이라고 크레딧을 나눠 가지면 분명 속이 꼬일 것이 뻔했다. 그래서 연출가에게 말했다. "내가 이

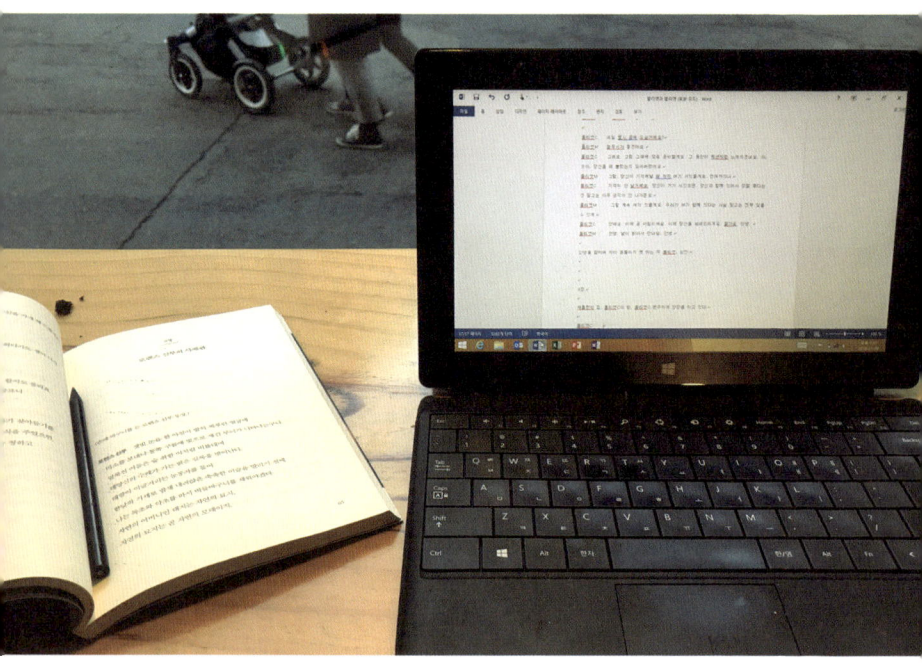

거 쓸게!"

처음에는 반발이 많았다. 글을 써본 경험이 없는 내가 어떤 결과물을 만들어 낼지 불안하다는 합리적인 걱정이 먼저였다. 그리고 동료 배우인 내가 혹시나 작가라는 명찰을 달고 상대의 연기에 대해 관여하거나 판단하게 될까 봐 우려된다는 솔직한 의견도 나왔다. 나는 절대로 그런 일은 없게 하겠다고 다짐했다. 그래도 여전히 친구들은 마뜩잖은 얼굴이었다. 하지만 우리에게는 작가가 없었다. 동료들은 조금은 마지못해, 그러나 많은 부분 대본을 쓰겠다는 강력한 의지를 불태우는 나를 응원하는 마음으로, 다음 신작을 쓰는 것을 허락했다.

그렇게 쓰게 된 작품 〈서울 사람들〉은 고시원에 사는 여섯 사람의 이야기였다. 〈러브 액츄얼리〉를 표방했지만 러브는 없었고, 팔도 액츄얼리가 되고 싶었지만 두 개의 도가 모자란 육도의 사람들이 나오는 극이 되었다.

처음 작가가 된 내가 가장 심혈을 기울였던 지점은 분량이었다. 출연을 약속한 여섯 명의 배우가 모두 고른 비중을 갖는 것. 와중에도 자기 말고 주인공은 따로 있는 것 같다고 귀여운 투정을 부리는 친구도 있었지만, 나는 배우 모두가 비슷한 무게로 극을 끌고 나가는 것에 꽤나 신경을 썼다. 배우인 내가 생각했을 때 또래인 배우들이 즐겁게 연기하려면 극에 기여하는 바가 균등하다 느끼는 것이 중요하다 판단했다.

또 중점을 두었던 것은 캐스팅된 배우들이 잘할 수 있는 배역을 쓰는 것이었다. 당시에 여섯 배우 중 다섯 명은 미리 공연에 참여하겠다고 약속이 된 상태였다. 나는 각 배우의 강점을 생각하며 캐릭터들을 만들어나갔다. 무엇보다 신경 쓴 것은 아무래도 내가 맡은 캐릭터 '한다정'이었다. 다정이는 경상도 출신으로 이제 막 '신세경 백화점'에 입사해 갓 서울에 상경한 20대 초반의 여성이었고, 엉뚱하고 발랄한 성격의 소유자였다.

다음 행동을 예측하기 어려운 엉뚱하고 발랄한 캐릭터, 코믹 포인트를 살린 멀티 캐릭터가 당시에 내가 자주 맡은 역할이었다. 장례식장에 빨간 리본 허리띠를 두르고 등장해 주사를 부리는 인물이라든가 욕쟁이 일수꾼, 영혼 없는 말투로 일하는 편의점 알바생, 사랑에 빠진 유치원생 같은 역할이 그랬다. 극에 활력을 주고 웃음을 선사하지만 자신만의 서사는 없는 역할. 모두 소중하고 연기하기 흥미로운 캐릭터였지만 나는 좀 더 많은 것을 원했다. 한번은 기쁨 연출가에게 다른 유형의 인물을 연기하게 해달라고 조르기도 했지만 작품 전체의 밸런스를 위해 내 의견을 받아들일 수 없다는 답을 들었다. 그 대답을 듣고 얼마나 서운했는지 모른다. 지금 생각하면 철없는 부탁이기도 했지만, 나는 그만큼 서사에 다른 방식으로 기여하는 배역에 목말라 있었다. 꼭 주인공이냐 아니냐의 문제가 아니었다. 내게는 지금까지와는 다른 모습을 보여줄 수 있는 기회가 너무나 필요했다.

그럼에도 다정이가 내가 이전까지 했던 역할과 비슷한 결을 가진 것에는 다 나름의 전략이 있었다. 나는 엉뚱하고 발랄한 다정이에게, 타향살이로 인해 생긴 열등감으로 위축돼 자존감을 방어하기 위한 방편으로 범죄를 저지르고 죄책감에 시달리는, 그리고 본인의 범행을 자백한 후 자신의 내면을 돌아보는 서사를 부여했다. 이제껏 잘 수행해온 종류의 캐릭터가 가진 어두운 면을 보여주면서 조금 더 입체적인 인물을 만들고 싶었다. 내 연기를 지켜봐 온 사람들에게 완전히 낯설지 않으면서도 내가 표현할 수 있는 새로운 면을 보여주기 위해서.

두 번째로 쓴 희곡인 〈미래의 여름〉에서의 '동아'라는 역할을 만들 때는 조금 더 본격적인 야심이 들어갔다. 나는 동아를 이전에는 연기해본 적 없지만 분명히 내가 잘할 수 있는 캐릭터로 만들었다. 역시나 경상도 사람인 동아는 선천적인 기질과 과거의 상처로 인해 대인기피증이 있는 인물이었다. 유일하게 마음을 여는 조카 미래에게는 한없이 재밌는 고모가 되지만, 오빠의 눈에는 제대로 된 인간 구실도 못하는 동생, 동네 사람들에게는 이웃과 전혀 어울리지 못하는 노처녀 취급을 받는 사람이다. 내 유년시절의 경험담을 떠올리며 만들어낸 이야기라 작품 전반에 흐르는 정서와 동아의 내면에 대해 깊이 이해하고 있다고 생각했다.

흥미로운 건 글을 쓸 때부터 내가 잘 알고 있는 인물이라고 생각했음에도 불구하고, 연기를 할수록 그의 내면을 새롭게 발견할 수 있었다는 점이다. 조카를 사랑하고 의지하는 마음의 농도가 짙어지고, 자신을 보호하기 위해 사람들을 밀쳐내는 힘은 더 다양하게 뻗어나갔다. '어색하다'라는 지문을 썼을 때는 상상하지 못했던 설렘과 두려움, 불안함과 기대가 솟아났다. 연기를 하는 도중 실제로 얼굴이 붉어질 때는 글을 쓴 나와 연기하는 내가 마치 다른 존재처럼 느껴지기도 했다. 다정이를 연기할 때는 글을 쓸 때 떠올렸던 인물 그대로를 표현했다면, 동아를 연기할 때는 대본을 쓸 땐 예상하지 못했던 것들을 감각하는 경험을 했다. 쓰고 연기하는 나의 세계가 조금씩 넓어지고 있었다.

다정이와 동아에 캐스팅되는 것이 충분히 납득 갈 만한 일이었다면 '헤라'와 '줄리엣' 역할을 맡게 된 것은 조금 다른 케이스였다. 헤라와 줄리엣은 잘 알려진 캐릭터들이고 워낙 인물이 가진 고정된 이미지가 강하기 때문에, 내가 쓴 희곡이 아니었다면 아마도 그 이미지와는 동떨어진 내가 역할을 맡는 것은 어려운 일이었을 것이다. 하지만 나는 그 고정적인 이미지를 이용하면서도 인물의 이면을 보여줄 의도로 글을 썼기에 〈헤라 아프로디테 아르테미스〉 속 헤라와 〈줄리엣과 줄리엣〉의 줄리엣에 내가 캐스팅되는 것이 합당하다 생각했다. "아무도 캐스팅 안 해주면 내가 써서 캐스팅하지, 뭐!" 하는 마음으로 인물들을 만들어 나갔다.

 단지 작가라는 이유만으로 주요 배역을 맡긴다는 것이 불합리하다 느낄 수도 있다. 하지만 나는 역을 맡은 이유가 납득할 만한 표현력을 가지고 있기 때문임을 증명하기 위해 애썼다. 부족했던 기회를 스스로 만들었다는 것이 그저 자기위로로 끝나지 않게 노력했다. 그렇게 만들어진 공연이 관객과의 소통에 성공하는 경험은 내게 전에 없던 자신감을 불어넣어 주었다.

 한때는 내게 주어진 역할이 없어 대본을 쓴다는 것이 부끄러웠다. 내가 더 능력 있는 배우였다면, 더 매력적인 배우였다면 직접 글을 쓰지 않았을 텐데, 하는 생각도 자주 했다. 누군가가 원하지 않는 배우는 배우가 될 수 없다 생각했고, 배우로서의 나를 원하는 창작진이 적다는 것이 나를 초라하게 만들었다. 연기하길 간절하게 원했지만 그 절박한 마음만으로는 역할이 주어지지 않았다.

 그렇게 글쓰기는 내게 배역을 주는 하나의 도구였다. 하지만 글쓰기는 거기서 만족하지 않았다. 이전에는 맡기 어려웠던 역할들을 연기하며 자라난 작가인 나는, 어느 순간 내가 맡을 배역을 상정하지 않고 쓰기 시작했다. 처음은 〈나, 혜석〉이었다. '살아생전 수많은 구설과 오해를 겪은 인물이기에 온 마음을 다해 나혜석의 진의를 이해하고 싶다.' 작가로서의 목표는 이토록 분명했지만 만족스러운 결과물이 나오지 않아 헤매는 시간도 길었다. 수정고가 나올 때마다 작품 전체의 구성을 몇 번이나 바꿨고, 대본이 완성되고 나서도 메시지가 시대성을 가지는지, 구성이 어색하지는 않는지, 극의 전개 방식이 흥미로운지 도저히 자신이 없었다.

  그런 와중 기쁨 연출가가 제안한 배역의 이름을 듣고 몹시 당황했다. 연출가는 내게 극 중 내레이터 역할인 박인경 역할을 맡아줬으면 했다. 가뜩이나 만들어놓은 대본에 확신이 서지 않는데 내레이터 역할을 연기해야 하다니. 극의 전체적인 톤과 리듬을 좌우하는 중요한 역할이기도 했고, 또 내레이터의 대사 대부분이 나혜석의 삶을 바라보는 작가의 관점이 투영되었기에 부담이 가중됐다. 때로는 작가가 미처 채우지 못한 인물의 공간을 배우가 채워 넣기도 하는데, 작가인 내가 비빌 언덕이 배우인 나라니. 잔인한 처사였다. 하지만 크게 심호흡을 하고 작가의 의도를 잘 살릴 수 있는 선택을 위해 다시 시야를 넓히는 수밖에 없었다.

 결과는 성공적이었을까? 알 수가 없다. 〈나, 혜석〉은 사회적 거리두기의 단계가 격상됨에 따라 공연을 취소해야 했다. 공연 실황을 온라인으로 중계했지만 직접 관객을 만나지 못했기 때문에 그 과정이 어떠했는지 평가하기가 어렵다. 다만 내가 가지는 하나의 감각은 쓰고 연기한 작품들 중 작가로서의 자아가 훨씬 강하게 작용했다는 것이다. 배우로서 어떤 성취를 이루고자 하는 마음보다 작가로서의 목표가 더 뚜렷하게 다가왔다. 내게는 생경한 경험이었다.

 다음 작품인 〈선택〉 역시 내가 맡을 배역이 무엇인지 모르고 썼고, 심지어 절대로 내가 맡지 않을 거라고 생각한 배역을 맡게 되었다. 하지만 또 그때는 배우로서 잘 해내려는 욕망이 작가의 그것에 뒤지지 않았다. 작가인 나는 이제 내게 어떤 배역을 줄 것인가를 고려하지 않게 되었다. 오히려 주인공 '은수' 역할에 나보다 더 부합하는 이미지를 가진 배우가 캐스팅

되길 바라기도 했다. 배우인 내가 들으면 섭섭해서 뒤집어질 마음이었다. 하지만 배우인 나는 작가인 나의 생각 같은 것은 무시하고, 인물을 설득력 있게 연기할 갖은 방법을 찾아다녔다. 현재로서는 이 사이좋은 신경전이 자아 분열로 이어지지 않기만을 바랄 뿐이다.

외골수처럼 단 하나의 꿈을 좇던 내가, 이루고 싶은 그 꿈을 위해 두 개의 직업을 가지게 되었다. 사실은 하나의 직업을 유지하기 위해 맥주도 나르고, 동대문에서 구슬도 팔고, 백화점에서 의료기기도 팔았기 때문에 다른 직업이 하나 더 생겼다고 놀라울 것도 없다.

다만 인생에 펼쳐진 길이 단 하나밖에 없다는 고집을 부리던 경직된 아이에게 더 많은 것을 상상해보라고 부추긴 친구는 글쓰기가 유일했다. 왜 내 꿈이 이루어지지 않냐고 불평만 늘어놓던 나를 행동하게 만들어준 친구. 네 유일한 꿈이 좌절된다 해도 너는 의미 없는 존재가 아니라고 위로해준 친구. 말하고 싶은 것이 많아 늘 부글대던 내게 창구를 열어준, 내 주장이 옳다고 고집부리는 나를 되돌아보게 하는 친구. 언제든 그 친구를 떠나버릴 것처럼 얘기했지만 한동안은 그 손을 놓지 못할 것 같다. 나는 그 친구를 이용만 하려고 했는데, 분명히 그러려고 했는데 바보같이 그만 마음을 뺏기고야 말았다.

그 타로여신님이 말해준 점괘가 어쩌다 보니 딱 들어맞는 것 같아서 약이 오르기도 하지만, 반은 맞고 반은 틀렸으니 우리의 신경전은 무승부다. 어쨌든 한동안 나는 연기하고 글 쓰고, 글 쓰고 연기할 것이다. 언젠가 극작과 연기 모두 하지 못할 날이 와도 아쉽지 않게 실컷. 두 작업 사이의 절묘한 균형 찾기를 즐기면서.

당신이 사랑하는 대사

대사를 좋아한다. 큰따옴표 안의 말들을 쫓아다니면서 자라서 그런지 대본에서 가장 먼저 눈길이 가는 것이 대사다. 지문에 묘사된 인물의 행동과 말의 뉘앙스를 더듬으면서 어떤 식으로 대사를 구현할지 연습하는 것은 늘 신이 난다. 인물이 하는 말이 아니라 행동을 믿으라고도 하는데, 말 역시 행동 중의 하나다. 그가 놓인 상황, 상대와의 관계, 그의 성격이나 기질, 말로서 이루려는 목적과 인물의 신체 상태를 상상할 수 있는 근거가 대사에 있다. 극본 속의 인물들은 진실을 말하지 않을 때도 있고, 자신이 무슨 말을 할지 모를 때도 있다. 그러한 트릭까지 읽어내며 인물을 알아가고 이야기를 그려내는 것. 그것이 대본을 읽는 묘미가 아닐까.

한 작품 속에서 인상 깊은 대사 하나를 만난다는 것

은 내가 어떤 사람인지 알아차리는 일과 비슷하다. 특별히 좋아하는 작품에서는 그러한 대사를 자주 만날 수도 있겠고, 그렇지 않은 작품이라 해도 희한하게 마음을 움직이는 대사가 있을 수 있다. 그건 대사가 결국 사람의 말이기 때문이다. 가상의 존재가 하는 말 한마디가 지금 내 마음을 들여다볼 수 있게 한다.

연극의 특성상 시간이 지나 같은 공연을 다시 올릴 때가 곧잘 있다. 그때마다 좋아하는 대사가 바뀐다. 대사를 좋아하게 되는 이유는 여러 가지일 수 있겠다. 직업적으로는 인물의 본질을 가장 잘 드러내는 대사라서, 관객에게 많은 공감을 받는 대사라서 좋아하는 경우가 많다. 하지만 때로는 자연인으로서 내 고민이나 세계관과 맞닿아 마음에 새기고 싶을 때도 있다. 어떤 때는 내가 썼어도 어떤 마음으로 그 대사를 쓰게 됐는지 잊어버려 생경하고 낯선 대사가 있고, 한결같이 사랑하는 대사도 있다.

종종 공연기간 중에 관객과의 대화 시간을 가지면, 연출가나 배우들은 좋아하는 대사와 그 이유에 대한 질문을 받곤 한다. 같은 이유로 다른 대사를 좋아하기도 하고 또 같은 대사를 다른 이유로 마음에 들어 하기도 한다. 또 의외의 대사가 누군가의 사랑을 받기도 하고 여지없이 몰표를 받는 대사도 있다. 나는 이 차이들이 재밌다. 어떤 이유는 그 사람의 새로운 면을 발견하게 하고 또 어떤 이유는 역시 그다운 답변이라고 웃음을 터트리게 만들기도 했다. 좋아하는 대사를 통해 그 사람을 알아간다고 해야 할까.

"별것도 아닌데 진지하고 진지한데 아무것도 아냐."

티볼트 역의 김연우 배우는 이 대사를 가장 인상적인 대사로 꼽았다. 살면서 마주치게 되는 장애물이나 고민들이 지나고 보면 아무것도 아니었다고 느끼는 것처럼, 줄리엣 몬테규가 사랑에 대해 은유적으로 표현하는 이 부분이 살아가면서 무언가 고민하거나 벽에 부딪혔다고 느낄 때의 모습 같다며 기억에 남는다고 했다.

줄리엣 몬테규의 이 대사는 〈로미오와 줄리엣〉 1막 1장의 로미오 대사를 변주한 것이다.

"무에서 나오는 유, 무거운 가벼움이여, 진지한 허영이여, 겉치레는 근사하나 꼴사나운 혼돈이여, 납덩이 같은 솜털, 투명한 연기, 차가운 불꽃, 병든 건강, 눈을 뜬 잠, 그것이며 그것이 아닌 것."
(윌리엄 셰익스피어 저, 한우리 역, 더클래식, 2017)

연우의 말을 듣고 보니 사랑받지 못해 한탄하는 줄리엣 몬테규의 비유가 꼭 사랑 그 자체를 가리킨다기보다 어떤 감정이나 욕망에 눈앞이 흐려져 제대로 된 판단을 하지 못할 때 느끼는 감각과도 비슷하다는 생각이 들었다. 충분히 헤쳐나갈 수 있는 상황에 대해 드는 막연한 불안감이나 자신에 대한 의심이, 끝없이 사랑하지만 사랑받지 못할 때의 마음과 닮았다고 느끼는 것이 재밌었다.

"줄리엣은 변하지 않아.
그리고 줄리엣이 떠나도 내가 남아.
그 사랑을 지킨 나는 남는 거야."

초연에서부터 삼연까지 승려 역할로 참여했던 장세환 배우는 6장의 줄리엣 몬테규의 대사가 가장 인상 깊었다고 한다. 세환이는 이 대사를 들으면서 울컥하는 기분이 들었다고 했다. 두 줄리엣이 어떤 상황에서도 숨지 않고 사랑을 지켜내는 모습을 보면서 그들을 응원하는 마음이 생겼고, 둘의 마지막이 비극적으로 끝날지언정 '사랑을 지킨 나는 남는다.'라고 한 줄리엣 몬테규의 말처럼 그 사랑을 지킨 줄리엣들이 자신의 마음에 남는 것 같다고 말했다. 그들의 모습이 기억 속에서 지워지지 않고 살아나고 피어나, 되려 자신의 삶과 사랑을 응원해주는 것처럼 느낀다고 했다. 좋은 대사는 시 구절처럼 기억 속에 품고 지내다가 내 경험과 맞닿아 같이 자라나는 것 같다고 덧붙이면서.

이 대사가 흥미로운 지점은 바로 앞 대사와의 연결이라고 생각한다. 둘이 도망가 살면 남는 것이 뭐가 있냐는 질문에 줄리엣 몬테규는 "줄리엣."이라고 대답한다. 그것은 자신이 사랑하는 줄리엣 캐플렛이기도 하고 또 그 자신을 말하기도 한다. 그래서 줄리엣 캐플렛의 마음이 변하면 어떻게 하겠냐는 로미오의 반격에 그가 떠나도 사랑을 지킨 자신이 남는다는 대답으로 연결된다. 이 모든 것이 작가의 철저한 계산에 의해 설계된 대사는 아니고 쓰다 보니 그런 효과가 생겼다. 써놓고 보니 이렇게도 해석되네? 하는 순간을 발견할 때 얼마나 기분이 좋은지 모른다.

"나는 내가 누군지 알아."

줄리엣 캐플렛의 대사를 첫손으로 꼽은 것은 삼연까지 네릿서 역할을 맡았던 김하리 배우였다. 하리는 나의 질문에 아주 길고 정성스러운 답변을 해주었다.

'네릿서의 대사에서 뽑을까 하다가 공연마다 무대에서 제 마음에 탁탁 꽂혔던 대사가 있어 이걸로 보내드리려고 해요. 저는 〈줄리엣과 줄리엣〉이 진짜 '나'를 알아가고 찾아가는 작품이라고 생각하거든요. 사랑이야기의 거푸집이 있긴 하지만 그 누구도 무너뜨리지 못할 나를 스스로 가꾸어 나가는 이야기라 너무 좋아하는 작품이지요. 개인적으로 저는, 김하리는요, 일생의 화두가 '나는 누구인가'예요. 배우를 할 때도 일상에 있을 때도 나는 어떤 사람이지? 내가 가진 건 무엇이지? 나의 부족함은 무엇이지? 나는? 나는? 이었지요. 아이를 낳은 지금도 로이가 자는 밤시간에는 희미해진 나를 어떻게 세울 수 있을까? 생각하며 시간을 많이 보내요. 이 모든 생각들은 솔직한 마음으로 되짚어보면 자존감이 낮은 데에서 오는 것 같아요. 내가 원하는 욕구보다도 남에게 비춰질 내 모습을 더 신경 쓰고 기대받는 그 모습에 나를 맞추고 싶고 그런 마음이 컸거든요. 그런 저에게서 탈피하고 싶어 내가 생각하는 진짜 나, 나는 정말 누구일까? 하고 주구장창 더 목메며 살아왔는지도 모르겠어요. 그런데 줄리엣은 당당하게 말하지요. 나는 내가 누군지 알아. 그런 모습의 줄리엣이 무대 위에서도 부러운 적이 있었어요. 나는 언제쯤 나에 대해 좀 알겠다, 라고 말할수 있을까. 극중 인물에게서 현실의 제가 많이 배운 부분이에요.'

하리의 답변을 한참 들여다봤다. 며칠을 고심해 찬찬히 자신의 마음을 살펴본 뒤 신중하고 솔직하게 써 내려간 메시지에 깊이 감동 받았다. 우리들은 자주 자신이 없어서 자기를 모른다고 말하지만, 사실은 자기 자신이 어떤 사람인지 잘 알고 있을지 모른다. 하리 역시 자신이 누구인지 자주 묻는다고 하지만 알고 있을 것이다. 자신이 무엇이든 정성을 다하는, 그래서 조금 천천히 가지만 누구보다 단단하게 자기 발자국을 만드는 사람이라는 것을.

"왜 못 해?
이 두 손으로 할 수 없는 건 아무것도 없어.
집이 낡았어도 깨끗하게 단장하면 돼.
먼지를 털어내고 바닥도 닦고.
마당에는 라일락을 심을래.
아! 담장 따라 장미를 심으면
도둑이 들어오다 가시에 찔려서 도망가겠다!
우리 집에 담장이 있나?
나무 심는 것도 배워야겠다."

또 다른 네릿서인 이주희 배우는 줄리엣 캐플렛의 이 정신없는 독백을 좋아한다고 말했다. 너무 행복해서, 마치 붓을 들고 그림을 채워 넣는 족족 다 실현되리라는 믿음을 가지고 꿈의 그림을 채워 넣느라 바쁜 줄리엣들의 이 장면을 떠올리면, 언제라도 입가에 미소가 지어진다고 했다. 헛될 거라 의심하지 않고 꿈꾸며 마냥 설레던 어린 날의 자신이 생각나 그립고 슬프기도 하다고 했다.

"네가 옆에 없을 땐 내 몸이 다 죽어버린 것 같았는데
네가 나를 만지니까 다시 살아나는 것 같아."

7장의 이 대사를 좋아한다고 말한 사람은 캐플렛 역의 이안나 배우였다. 안나 언니는 사랑에 빠지면서 변화된 자신을 발견하는 순간을 아름답게 표현한 것 같다며, 자신의 세포 하나하나가 반응하면서 줄리엣과 같이 본인의 감각도 되살아나는 것만 같은 착각이 든다고 전했다.

하지만 7장에서 가장 많은 사랑을 받았던 대사는 바로 이것이었다.

"네가 나의 집이야."

1대 로미오 조용경 배우와 2대 로미오 허영손 배우, 승려 역의 정지혜 배우가 가장 좋아하는 대사로 꼽았다. 주희 언니 역시 "좋아하는 대사 하나만 더 말해도 돼?" 하고 표를 주었고, 가장 좋아하는 대사가 뭐냐는 질문에 기쁨 연출가가 자주 꼽는 대사이기도 했다. 콘테스트는 아니지만 본의 아니게 우승컵을 거머쥔 것이다. 영손이는 이 대사가 마음을 다 쏟아내도 부족한 사랑을, 서로만 있다면 지치지 않을 두 사람의 사랑을 보여준다고 말했다. 용경이는 집이라는 표현이 그냥 나라는 사람을 있는 그대로 편안하게 보여줄 수 있다는 의미, 상대 앞에서 온전히 나로서 존재할 수 있다고 말하는 것 같다고 했다. 그리고 본인이 요즈음 집에 대한 고민을 계속 하고 있어 기억에 남는 것인지 의문이 든다고 덧붙였다. 용경이의 현 상황에 따르면 "네가 나의 부동산이야."도 꽤나 밀도 높은 고백이 될지도 모른다는 생각이 들었다.

 지혜는 좋아하는 대사로 이 대목을 떠올리면서 울었다고 한다. 그리고 이유를 정리하지 못해 한참을 끙끙대다 또 울었다고 한다. 결국 지혜가 정리한 이 대사를 사랑하는 이유는 "이 일곱 글자만 떠올리면 그냥 눈물이 차오르고 마음이 이상해져요."였다. 나는 "그냥 네가 울보라서 그런 거 아니야?"라고 되물었다. 하지만 세상에 단 한 사람이라도 내가 쓴 대사를 떠올리는 것만으로 울컥해 한다는 건 가슴이 뻐근해지는 일이었다. 비록 그 사람이 수도꼭지가 헐거워 어떤 상황에서라도 곧잘 눈물 흘리는 울보라 할지라도….

사실 초연 때는 배우들이 손에 꼽은 7장 초반부의 대사가 존재하지 않았다. 초연에서는 자신들의 상황을 비통해하는 줄리엣들이 강조됐었다. 연출가가 그 장면을 두고 두 줄리엣들이 비극적인 결말을 이미 알고 있는 것 같다며 좀 더 희망을 가지는 상황으로 수정해달라고 요청한 결과, 현재의 장면을 새로 쓰게 되었다. 정말이지 연출가의 요청이 없었더라면 어쩔 뻔했을까. 날카로운 피드백에 감사할 따름이다.

두 명의 줄리엣이 사랑하는 대사는 같았다.

"그런데 줄리엣, 당신은 나를 상상하게 만들어요.
더 많은 꿈을 꾸게 만들어요."

희연이는 이 대사 이후의 고백이 가장 로맨틱한 대사라고 했다. 온 마음을 다하는 고백 같다며.

"로맨스물이면 저 정도는 말해야지. 백퍼센트 사랑해!!!!라고 하는 것 같잖아. 택스가 없어. 현금이다."
"…조건 없는 사랑 같다고?"
"오오. 작가라서 그런가. 해석을 잘하네."

희연이는 내 해석에 흡족해했다.
사연의 조연출이었던 혜진이는 이 대사를 처음 들었을 때 심장이 쿵 떨어지는 기분이었다고 한다. 리허설을 하면서 아마 몇십 번도 더 들었지만 신기하게도 들을 때마다 그랬다고 한다. 눈물도 나고, 벅차기도 하고. 무엇보다도 쿵 떨어지는 기분이 자주 들었단다. 평소 사랑 이야기는 취향이 아니라 말할 만큼 사랑이라는 감정에 감흥을 느끼지 못하던 혜진이가 이 대사를 들으면 '아'라고 감탄하게 된다고 했다. '아, 그런 건가 봐', '아, 그런 거구나', '아, 그렇네!' 이런 식으로. 사랑에 대해 강요하지 않고 이야기해주는 기분이 들었다며 줄리엣의 고백을 듣고 있으면 혜진이도 더 불어 상상을 하고 꿈을 꾸곤 했다고 한다.

  사랑을 그려본 적 없는 사람에게 사랑을 상상할 수 있게 만들었다니. 영광이 아닐 수 없다. 나 역시 이 대사를 하며 더 많은 것을 상상할 수 있었다. 꿈꿔본 적 없는 세계를 꿈꾸게 하는 상대를 만난 상황을 온몸으로 상상하며 대사를 했다. 이 말을 시작으로 줄리엣과 줄리엣의 사랑의 세계가 한없이 확장되는 동시에 명확한 하나의 점에서 만나게 된다는 감각이 있었다. 그래서 내가 가장 아끼는 대사도 줄리엣 캐플렛에게 사랑을 고백하는 줄리엣 몬테규의 대사다.

  이 대사에 이어지는 문장을 '최애' 대사로 꼽은 사람도 있다.

"나는 진실되고 싶어요.
내게는 어렵게 얻은 귀한 사랑이 있고,
그 사랑이 영원하기를 바란다고
진실되게 맹세하고 싶어요.
그리고 나는 어떤 모양으로든
당신의 곁에 있을 거예요.
어떤 형태로든 당신을 사랑할 거예요."

초연부터 삼연까지 티볼트 역할을 했던 이강우 배우다. 강우오빠는 이 대사가 줄리엣 캐플렛을 향한 줄리엣 몬테규의 마음이 가장 잘 묻어난 부분 같다고 했다. 사랑을 표현할 때 앞뒤 재지 않고 그 사람 외에 아무것도 보이지 않는 그 순간, 상대에게 가장 솔직하고 싶은 마음이 잘 느껴진다고 말이다. 고백의 순간에만 느낄 수 있는 벅차오르는 감정이 느껴진다고 했다. 비록 본인은 아주 예전에 느낀 감정이지만. 고백하자면 나도 그런 감정을 대체 언제 느꼈는지 기억도 나지 않는다. 전생에 겪은 감정일지도 모른다.

좋아하는 대사가 뭐냐는 나의 질문에 5분도 지나지 않아 칼답을 한 영손이를 비롯해 어떤 대사가 왜 마음에 남는지 다시 대본을 펼쳐 들고 고민한 다른 팀원들에게 모두 감사했다. 하나의 대사를 꼽지 못하겠다고 말해주는 그들이 얼마나 이 이야기를 사랑하는지도 새삼 느꼈다. 듣기 좋은 대사보다 아름다운 건 그 대사를 들여다보는 마음들이었다. 사랑의 근거를 정성껏 채운 메시지도, 말로는 설명하지 못할 감정에 흘린 눈물도 전부 소중했다.

누군가에게는 스쳐 지나갈 구절이 누군가의 마음에는 오래 머물 것이다. 어떤 날은 신경 쓰이지 않던 대사가 어떤 날에는 콕 하고 박힐지 모른다. 공연을 관람한 분들의 기억에 남는 대사와 활자로 읽은 분들의 그것은 다를 수도 있다. 이 희곡을 지면으로 만난 분들의 마음에는 또 어떤 대사들이 머물지 궁금하다. 잠깐이라도 마음에 스칠 대사가 있었다면 더할 나위 없이 기쁠 것만 같다.

순백과 무지개

연극 〈줄리엣과 줄리엣〉의 시각적 특징은 색감이 없는 새하얀 무대, 그리고 인물들이 입은 순백의 의상일 것이다. 무대미술에서 단 한 가지의 색, 특히 화이트만을 사용한다는 것은 상당히 과감한 선택이다. 미감의 문제나 보관과 유지 등 여러 가지 기술적인 문제를 떠나서도, 무대 위를 지배하는 단 하나의 색에 강력한 의미가 부여되기 때문이다.

이기쁨 연출가에 따르면 의상 디자이너인 오수현 선생님의 제안이 새하얀 무대의 시발점이었다고 한다. 오수현 선생님은 귀하고 격이 있는 의상을 배우들에게 입히고 싶다는 생각을 했고, 줄리엣들의 순수한 사랑 이야기를 표현하기에 화이트 말고는 대체할 색이 떠오르지 않았다고 말했다.

의상 디자이너의 아이디어를 바탕으로 회의를 하

던 도중 색이 없는 세상에 살던 줄리엣들이 자신들의 색을 찾게 되는 의미에 대한 이야기를 나눴고, 이때 연출가는 무대 위의 색을 없애는 방식으로 〈줄리엣과 줄리엣〉을 관통하는 주제를 시각화할 수 있을 거라 생각했다. 하지만 동시에 화이트 톤의 의상을 선택하는 것에 여러 부담을 느꼈다. 백색의 의상이 배우들에게 잘 어울릴지, 조명이나 기타 무대미술과 조화로울지, 유지·보관은 어떻게 할 것인지에 대해서도 고민했다. 하지만 오수현 디자이너가 끊임없이 연출가에게 확신을 주었기에 결정할 수 있었다고 한다. 의상 디자인이 확정되면서 무대 디자인의 방향성도 확 달라지기 시작했다. 색이 없는 세상을 무대 디자인에서도 구현하고자 했고 그 결과 화이트 톤의 무대가 갖춰졌다.

  무대 디자이너인 서지영 선생님도 그 의견을 쉽게 받아들였다고 한다. '의상이 모두 흰색이 된다면 무대도 같이 맞춰줘야지. 마지막에 그들이 고유의 색을 찾았을 때, 여전히 무채색의 세상에 갇힌 사람들과의 대비를 위해서. 대본에도 그렇게 하라고 써 있으니까.'라고 생각했다며 말이다. 하지만 이 희곡 어디에도 무대를 하얀색으로 만들라는 지문은 없다. 선생님의 말은 아마도 줄리엣 캐플렛의 대사 "그분을 만나고 밑그림뿐이었던 내 삶에 수만 가지 색깔을 칠하고 있는 기분이 들어."에서 영감을 받았다는 뜻일 것이다. 실제로 무대 디자이너가 가장 인상적인 대사로 꼽은 대사도 바로 이 대사이다.

그리하여 〈줄리엣과 줄리엣〉은 무대와 의상 모두 하얀색이 되었다. 대신 마지막 장면에서 두 줄리엣이 채도 높은 노란색과 초록색 원피스를 입고 나옴으로써, 사랑을 지킨 두 줄리엣이 자신들의 색을 찾았다는 것을 시각적으로 선명하게 전달했다. 온통 무채색뿐인 세상 속에서 줄리엣들만이 색채를 가지고 자유롭게 춤을 추는 모습으로.

총 네 번의 공연을 하면서 극장은 두 번 바뀌었다. 산울림 극장에서는 초연과 재연을 공연했고, 삼연과 사연은 브릭스 씨어터 극장(삼연 당시에는 극장이름이 콘텐츠 그라운드였다. 다른 이름의 극장이지만 같은 공간에서 공연을 한 셈이다)에서 공연하였다. 산울림 극장은 100석 미만의 소극장으로 크기가 작은 편이며, 반원형 모양의 무대를 객석이 둘러싼 형태이다. 연출가와 디자이너는 좁은 무대 위에서 공간을 효율적으로 변화시키는 것이 극장 무대를 잘 활용하는 방법이라 여겼다. 그래서 대도구(건물같이 크기가 큰 주요 장치물)나 큐브 등을 이동하면 새로운 장소가 된다는 약속을 가지고 장면을 구성하였다.

예를 들면 4장에서 네릿서가 방을 정리하는 듯이 큐브를 옮기면서 대사를 하면 줄리엣의 발코니에서 줄리엣의 방으로 공간이 바뀌게 되고, 다시 5장에서 승려가 연기를 하며 큐브를 옮겨놓으면 베로나의 거리가 되는 식으로 말이다. 연극적인 약속으로 공간을 인식하는 것이다.

이후의 브릭스 씨어터는 무대 공간이 조금 더 넓었다. 객석 규모로 비교하자면 100석 미만의 극장에서 200석 정도의 극장으로 이동한 것이다. 변화된 공간에 따라 줄리엣 캐플렛의 발코니를 구현할 수 있는 여건이 되었기에 연출가는 그러한 디자인이 추가되길 바랐다. 그리고 이야기 속의 이야기, 또는 책 안에서 펼쳐지는 이야기 같은 느낌으로 무대 전체를 아우르는 프레임을 만들었다. 초연, 재연과 장면에 따른 구역 설정이나 동선은 비슷하지만 넓이가 확장되고 디테일이 추가된 느낌에 가까웠다.

사연에 와서 연출가는 대도구를 움직여 어떤 공간을 만들어내는 컨셉 대신 확실하게 몬테규와 캐플렛의 공간을 만들어주고 그 공간 속을 배우들이 이동하면서 장소가 달라지는 형태를 구현하고 싶었다고 한다. 이때에 무대 사용이나 동선도 많이 바뀌었다. 공간 활용을 가장 중요시하는 서지영 디자이너는 완전히 다른 개념으로 접근해야 하는 새로운 무대 디자인을 내놓았다.

삼연까지는 무대의 상수 쪽(관객을 기준으로 무대의 오른쪽, 배우가 객석을 바라본 기준으로 무대의 왼쪽을 뜻하며 'Stage Left'라고도 부른다)에 계단 세 개 정도 높이의 캐플렛가의 발코니가 있고, 무대의 하수 쪽(관객을 기준으로 무대의 왼쪽, 배우가 객석을 바라본 기준으로 무대의 오른쪽을 뜻하며 'Stage Right'라고도 부른다)에 큐브 세 개를 배치해 몬테규가의 공간으로 설정하였다. 그리고 큐브를 어떻게 배치하는지에 따라 줄리엣 캐플렛의 방이나 길거리가 되기도 했다. 'Up Stage'(무대 중심을 기준으로 객석과 먼 무대, 객석과 가까운 무대는 'Down Stage'라 부른다)에 놓인 두 개의 연단은 무도회 장면에서

는 캐플렛이 손님을 맞이하는 공간이 되고, 나란히 놓여 있던 두 개의 연단을 마주보게 합치면 7장의 줄리엣 캐플렛의 침대가 되기도 했다. 배우가 연기하면서 움직이거나, 암전 중에 대도구를 옮기면서 장소를 변화시켰다.

사연에서는 무대의 하수 쪽에 사람 키보다 훨씬 높은 줄리엣 캐플렛의 발코니가 생겼고, 그 아래 아치문을 만들어 등퇴장로로 이용하였다. 그리고 무대의 상수 쪽에 또 다른 아치 모양의 출입구가 있어 상수 쪽 아치문으로 들어오면 중앙무대가 몬테규가가 되고 하수 쪽 아치문을 이용하면 줄리엣 캐플렛가가 되는 식으로 무대를 활용하였다.

서지영 디자이너는 무대를 처음 디자인할 때 이 극이 21세기 현재가 아니라 16세기 베로나에서 일어난 일이라는 느낌을 주고 싶었다고 한다. 제대로 기록되지 않았을 뿐 수백 년 전에 존재해 지금까지 이어온 이야기라는 인상을 전하고 싶었는데, 제작 여건이 점점 나아지면서 본래 의도를 더 잘 구현할 수 있었다고 한다.

특별히 무대 세트의 디테일 중 꽃무늬 문양을 넣은

것은 줄리엣들이 그렸던 상상 속의 집에 심어놓은 꽃들을 연상한 결과였다. 이 사실은 나도 인터뷰를 하면서 처음 알게 된 것인데, 이 말을 듣고 무대를 다시 그려보니 어쩐지 울컥하고 말았다. 나는 줄리엣들이 둘만의 집으로 가지 못했다고 생각했었는데, 어쩌면 둘은 처음 만나는 순간 서로의 집이 되어준 것이 아닐까 하는 생각이 들었다.

연출가는 공연을 거듭할수록 점점 무대가 확장되어 간 느낌이라고 말했다. 실제로 무대 세트의 규모가 커지기도 했다. 작은 극장에서 최소한의 세트에서 연기했을 때도, 조금 커진 극장에서 꿈에 그리던 2층 높이의 발코니를 두고 연기했을 때도 나름의 재미가 있었다. 배우로서 연기할 때 가장 차이가 많이 났던 것은 3장의 발코니 장면이었다. 초연 때는 캐플렛의 정원에 숨어 들어가는 장면을 표현하기 위해서 큐브 세 개를 쌓은 채로 양팔에 들고서는, 그 뒤에 몸을 숨겨 캐플렛의 창가로 다가갔다. 자신의 몸을 덤불에 숨기고, 덤불채로 도망가는 만화 영화 속 주인공처럼. 항상 큐브가 쏟아질까 아슬아슬 했는데, 그게 캐플렛가의 다른 사람들에게 존재를 들킬까 조마

조마해하는 몬테규의 마음과 맞닿은 것 같기도 하다. 사연에 와서는 발코니의 높이 때문에 두 줄리엣이 팔을 있는 힘껏 뻗어야만 손을 맞잡을 수 있는 거리가 생겼는데, 그 때문에 애틋한 마음이 살았다. 아마 관객들에게도 각기 다른 매력으로 다가간 무대가 아니었을까 싶다.

사연을 거치며 캐스팅이 바뀌거나, 등장인물의 성별이 달라지는 이유로 의상이 추가되기는 했지만 전체적인 디자인 컨셉은 그대로 유지되었다. 오수현 디자이너는 의상 디자인을 현대적으로 풀어냈다. 그리고 줄리엣들 의상의 디자인 포인트로 플리츠와 레이스를 활용하는 방법을 선택하였다. 줄리엣 캐플렛과 줄리엣 몬테규 의상을 좌우 대칭이 되게끔 각각 디자인하여 둘이 함께 있을 때 비로소 하나의 모습으로 온전해지도록 하는 것이 목표였다고 한다. 그래서 줄리엣들이 나란히 서 있을 때나 마주보고 섰을 때, 치마의 주름이 맞닿아 하나의 옷을 입은 것처럼 연출되었다. 의상만으로 두 줄리엣이 서로의 운명이라는 것을 보여준 디자인이 아닐까 싶다.

에필로그의 줄리엣들은 디테일이 없는 가벼운 원

피스를 입었다. 신발도 굽이 있는 하얀 구두에서 노란색과 초록색의 단화로 갈아 신었다. 오수현 디자이너는 누구의 시선도 신경 쓰지 않고 둘만의 세상에서 즐겁게 춤추는 장면의 의상을 밝고 경쾌하면서도 명확한 색으로 표현하고 싶어, 따스한 봄날의 느낌처럼 채도 높은 그린과 옐로우를 선택하게 되었다고 한다. 이 장면 때문에 무채색인 세상에서 자신들의 색을 찾은 줄리엣들의 모습이 선명하게 연출되었다.

의상이 전부 흰색이라 의상 디자인과 가장 밀접한 분야인 분장 디자인에서 어려움은 없었는지 궁금했다. 하지만 분장 디자이너 이지연 선생님은 오히려 빠르게 체인지를 해야 했던 마지막 장면에서 분장 디자인으로 큰 변화를 주기 어려웠는데, 강렬한 의상 컬러의 변화로 배우들 본연의 이미지가 잘 보여서 감사하다고 전했다.

〈줄리엣과 줄리엣〉에서는 무대나 의상이 완벽한 고증을 따르는 것이 아니라 현대적인 재해석이 들어갔기 때문에 분장 디자인 역시 그 영향을 받았다. 중세의 이미지를 생각하면 땋은 머리나 자연스러운 느낌의 웨이브가 떠올라, 줄리엣들의 헤어스타일에 적용시켰다. 현대적이면서도 시대적 배경의 색깔을 더한 시도가 아니었을까 싶다.

이지연 선생님은 분장 디자이너지만 무대 디자인에 관심이 높다. 대부분의 공연에서 무대가 먼저 디자인이 되고, 분장은 마지막 순서가 되기에 분장 디자인 역시 무대 디자인에 영향을 받을 수밖에 없기 때문이다. 디자인을 할 때 전체의 조화를 중요시하는 이지연 분장 디자이너가 자신의 분야와 밀접한 의상뿐 아니라 무대 미술의 시작이라고 하는 무대 디자인, 또 조도와 색감에 따라 분장이 다르게 보일 수 있는 조명 디자인에도 관심을 가지는 것은 당연한 일일 것이다.

조명 역시 무대 미술의 가장 큰 부분이다. 정유석 조명 디자이너에게 흰색의 무대와 의상이 조명 디자인을 할 때 부담이 되지는 않았는지 질문했다. 정유석 디자이너는 오히려 좋았다는 답을 했다. 평소, 무대와 의상에서 과감하게 색상을 사용하길 바랐다며 빛으로 요소들을 도드라지게 하거나 채워줄 수 있다고 생각한다고 했다.

초연부터 사연 공연까지 무대 위에는 항상 갓등이 매달려 있었다. 초연에서는 알전구가 달려 있었고,

재연 이후부터는 무대 디자이너가 무대 세트의 디테일(꽃모양을 연상시키는)과 같은 사각형의 갓을 만들어 씌워 주었다. 이 갓등을 단 이유가 궁금했다. 조명 디자이너는 공간과 감정에 따라 빛의 색상을 바꾸어 관객들에게 시각적으로 장면의 느낌을 전달하고 싶었다고 한다. 천장에서 내려온 갓등이 결혼식 장면에서는 수많은 초가 되거나, 첫날밤에 밤하늘의 떠오르는 별이 되는 것을 상상했다고 한다. 또 공간이 바뀔 때마다 전구 색상을 바꿔 성격이 다른 줄리엣들의 집 분위기를 그려내기도 했다.

특히 그가 조명 디자이너로서 가장 신경 쓴 장면은 결혼식 장면이었다. 다른 장소들에서는 차가운 톤에 가까운 매트한 빛을 사용하여 공간을 비추었는데, 결혼식 장면에서는 따뜻한 느낌의 색을 이용했다. 줄리엣들의 결혼식이 채광 좋은 넓은 공간에서 이루어지지 않았을 거라고 상상했고, 대신 네릿서와 로미오가 좁고 어두운 공간을 초를 이용하여 꾸미지 않았을까 하는 생각이 들었다고 한다. 그래서 줄리엣들의 결혼식 장면은 가장 따뜻한 온도를 띠게 되었다.

무대 위를 채운 것은 색뿐만이 아니다. 극장 안에

울려 퍼지는 음악 역시 작품의 분위기에 큰 영향을 미친다. 김희은 작곡가는 처음 〈줄리엣과 줄리엣〉을 읽었을 때 원작과 크게 다르지 않다는 느낌을 받았다고 한다. 그래서 음악적으로 색다른 느낌을 주고자 접근했다. 작업 초반의 컨셉용 샘플곡들을 들어보면 16세기가 아닌 동시대 음악에 가깝다. 절충하는 과정에서 16세기의 '류트'라는 악기가 현재의 '어쿠스틱 기타'와 비슷하다 생각해 이를 주 악기로 선택하고, 어쿠스틱한 사운드뿐 아니라 신스(실제 악기가 아닌 전자음악 느낌의 가상 악기) 사운드를 적극적으로 활용했다고 말했다.

처음 작업한 음악은 두 줄리엣의 첫 만남 부분인데, 사방이 시끄러운 무도회장에서 두 줄리엣이 만나는 순간 슬로우가 걸리는 듯한 장면을 떠올렸다고 한다. 연출가 역시 무도회 장면은 영화처럼 클로즈업이나 슬로모션 같은 기법으로 그 시공간에 두 줄리엣만 남겨지는 효과를 만들어내고 싶었다고 했다. 공연에서는 두 줄리엣이 만나는 순간 무도회 장면의 음악 위에 두 줄리엣의 첫 만남 곡이 겹치고, 줄리엣들의 동작이 느려지면서 그러한 효과를 연출했다.

극에서 사용된 곡들은 전반적으로 대중음악에서 많이 쓰지 않는, 색깔이 모호한 화성들을 사용해 신비로운 느낌이 난다. 김희은 작곡가의 이 음악들은 각종 음원사이트에서 〈줄리엣과 줄리엣〉을 검색하면 들을 수 있다. O.S.T.를 들으며 희곡을 읽으면 극의 무드를 연상하는 데 도움이 되지 않을까 싶다.

총 네 번의 공연을 이어오면서 분야마다 크고 작은 변화가 있었지만, 유일하게 변하지 않은 것이 있다. 바로 포스터 디자인이다. 그래픽 디자인을 맡은 EASThug의 대표이자, 창작집단 LAS의 단원인 고동욱 디자이너는 〈줄리엣과 줄리엣〉이 살아오면서 수없이 접한 〈로미오와 줄리엣〉의 특정한 장면의 이미지를 떠오르게 하는 면이 있었다고 말했다. 다만 그 고정된 이미지 이면의 또 다른 그림을 그리게 만드는 것이 〈줄리엣과 줄리엣〉의 특별한 부분이라고 생각했다고 한다.

그래서 처음에는 밝은 느낌의 포스터를 만들고 싶었다고 한다. 초기 시안들을 보면 밝은 느낌의 색을 많이 썼고, 줄리엣과 줄리엣을 나타내는 그림도 지금보다 크게 들어갔다. 그 과정에서 연출가의 여러 피드백이 있었고, 무수히 많은 수정 과정 속에서 계속해서 파일들이 증식되었다. 결국 파일명이 real_real_please_final 정도까지 가서야 디자인이 확정되었다고 한다. 기나긴 과정에서도 고동욱 디자이너가 놓치지 않으려고 했던 것은 두 줄리엣이 함께했으면 좋겠다는 점, 그리고 둘의 모습이 슬프게만 보이지 않았으면 한다는 점, 그리고 극의 마지막을 함께한 관객들이 포스터 속 줄리엣들을 다시 봤을 때 여운을 느낄 수 있었으면 좋겠다는 점이었다. 고동욱 디자이너는 연출가와 티격태격하며 마지막의 마지막까지 수정과 보완을 한 덕에 초연부터 사연까지 같은 포스터로, 줄리엣과 줄리엣을 대표하는 이미지를 남길 수 있었다며 연출가에게 감사의 메시지를 전하기도 했다. (인터뷰는 나랑 하는데, 갑자기 "감사해요 연출님."이라고 한 걸 보면 수정 과정이 힘들었다고 토로한 것에 대한 귀여운 수습 같기도 하다.)

당연한 얘기지만 연극은 협업의 예술이다. 이야기를 담고 있는 희곡이나 관객과 직접 만나는 배우가 가장 큰 스포트라이트를 받곤 하지만, 각 분야 스탭들의 해석과 상상력이 더해져야 비로소 하나의 작품이 나온

다. 그것이 연극의 가장 큰 매력이고 또 가장 어려운 지점이다. 같은 대본을 보고 다양한 상상력을 뽐어내는 창작진들의 의견을 하나로 모아 조화로운 작품을 만드는 것이 연출가의 일이다. 그리고 연출가의 그림에 맞춰 가장 알맞은 조각을 꺼내는 것이 창작진의 일이다. 우리는 저마다의 위치에서 조화로운 작품을 만들기 위해 무엇을 더할지 또 덜어낼지 줄곧 고민한다.

  연극을 하면서 가장 감동적인 순간이 있다면 저마다 내어놓은 색들이 어우러져 아름다운 그림을 만들었다고 느낄 때이다. 내가 쓴 희곡을 온전히 이해하는 무대 디자인이 나왔을 때, 내가 연기하는 인물의 힌트가 되는 의상 디자인과 분장 디자인을 만났을 때, 무대 위 공간이 진짜라고 믿게 만드는 빛과 음악 속에 서 있을 때. 디테일을 완성하는 소품과 장면의 힘을 실어주는 안무 역시 마찬가지다. 그리고 배우와 호흡을 같이하는 조명 및 음향 또한 큰 울림을 준다. 음악이나 조명이 바뀌는 타이밍은 모두 약속된 것이지만, 그 약속 너머 연기의 미세한 리듬을 캐치하는 오퍼레이터를 만나는 것은 좋은 상대배우를 만나는 일만큼 희열을 준다. 또 자신이 만든 작품을 진심으로 사랑하는 기획·홍보팀과 함께 일할 때, 관객들에게 작품의 매력을 강렬하게 소개해주는 포스터가 나왔을 때의 감동 역시 빠질 수 없다. 거기다 이 모든 분야를 아우르며 끊임없이 소통하는 연출가와 프로덕션을 원활히 돌아가게 만드는 혈관과도 같은 조연출, 무대감독이 존재한다면 그것은 정말 축복일 것이다. 〈줄리엣과 줄리엣〉을 공연하면서 나는 이 모든 행운을 누렸다. 너무나 감사하게도.

모두가 함께 만들기에 좋은 대본으로도 그저 그런 작품이 탄생하기도, 그저 그런 대본으로도 아름다운 작품이 만들어지곤 한다. 만약에 〈줄리엣과 줄리엣〉이라는 연극이 누군가에게 좋은 작품으로 남아있다면 그것은 밑그림뿐이던 대본에 아름다운 색을 입혀준 수많은 스탭들 덕분이라고 말하고 싶다. 그리고 〈줄리엣과 줄리엣〉을 공연으로 만나지 못했던 분들에게 내가 이런 훌륭한 창작진과 일했었다고, 함께 작업하는 모든 순간이 총천연색으로 빛났었다고 자랑하고 싶다.

죽음은 비극일까?

아빠가 암 선고를 받은 것은 2018년 10월, 〈산책하는 침략자〉 초연 연습을 하고 있던 도중이었다. 아빠는 그해 봄부터 삼키는 것이 어려워 동네 병원부터 부산에 있는 대학병원까지 여러 병원에서 치료를 받았었다. 그러다 그해 여름 목 부근에 농양이 터져 수술을 하고, 삼키는 능력을 회복하기 위해 재활 치료를 받고 있었다. 가을이 무르익어갈 때까지 차도를 보이지 않아 답답해하고 있던 도중, 암이 발견됐다는 이야기를 들은 것이다.

세상 누구에게라도 암 선고라는 것은 청천벽력과 같은 소리겠지만, 이미 수개월째 대학병원을 다니고 있던 중 받은 뒤늦은 진단에 가족들 모두 넋이 나갔다. 진단과 수술을 위해 수 차례 씨티와 엠알아이, 그 외 수많은 검사를 해왔기에 그동안 암을 발견하지 못했다는 사실을 믿을 수가 없었다. 하지만 병원의 오진을 원망하고만 있을 수는 없었다. 부모님은 당장 영상 자료들을 챙겨 곧바로 서울로 올라왔다. 말 그대로 곧바로.

연습을 위해 집에서 저녁식사를 하고 있던 나는 아빠의 암 진단 소식에 한 번 놀라고, 지금 당장 서울 A병원 응급실로 가서 입원수속을 밟겠다는 부모님의 말에 두 번 놀랐다. 서울 대학병원의 암 병동 예약이 어려우니, 무조건 응급실부터 들어가서 입원수속을 밟으라는 주위 사람들의 조언을 듣고 무작정 서울로 올라온다는 것이었다. 이미 아빠는 당시 음식물을 삼킬 수 없어서 수개월 동안 링거로 영양제를 투여하며 식사를 대신하고 있었기 때문에 체력도 많이 떨어진 상태였다. 나는 날벼락같은 소식을 듣고 먹던 밥을 치우고서는 연습실로 향했다. 부모님은 3시간 반 뒤에 서울에 도착할 것이고, 30분 뒤 연습이 예정되어 있었으니까.

귀신 같은 얼굴로 연습실에 들어섰다. 어떻게 해서든 연습을 해야 한다고 생각했지만 내 얼굴은 이미 하얗게 질려 있었고, 손발이 떨려왔다. 방금 들은 소식을 팀원들에게 전하니, 모두들 집에 돌아가라고 성화였다. 집에서 진정을 하고 역으로 나가 부모님을 차분히 마중하라는 것이었다. 하지만 나는 진정을 할 수도 이성적으로 생각할 수도 없었다. 이미 눈에서 눈물이 멋대로 흐르고 있었다. 연습실을 나오려 신발을 신으려는데 친구 동호가 소리쳤다. "한송희! 정신 똑바로 차려!"

다시 집으로 돌아가는 길에 나는 계속 같은 말을 되뇌었다. 정신 똑바로 차려야 돼. 한송희, 정신 똑바로 차려야 돼. 주문처럼 외다 보니 주저앉아 울고만 싶던 마음이 가라앉는 것 같기도 했다. 계속해서 입안이 말라왔지만 그래도 멈출 수가 없었다. 정신 차려야 돼, 정신을 차려야만 돼.

A병원 응급실에서는 아빠를 받아주지 않았다. 당연한 일이었다. 암 병동 예약을 위해 응급실행을 이용하는 것은 시스템이 허술했던 예전에나 가능한 일이었다. 특별한 증상이 없는 한 응급실에 들어가는 것도 허용되지 않는 판국이었다. 아무것도 먹지 못 해 기력이 없는 아빠를 근처 2차병원에 입원시켜두고, 밤새 서울에 있는 대학병원 사이트를 뒤져 예약방법을

찾았다. 하인두암. 처음 들어 이름도 낯선 아빠의 진단명을 받아들고, 어떤 의사에게 가는 것이 가장 좋은지 머리를 굴렸다. 아니, 날이 밝으면 제발 단 한 군데라도 외래 진료를 예약할 수 있는 병원이 나타나길 기도했다. 큰 대학병원들은 길면 석 달, 짧게는 3주는 기다려야 겨우 외래 진료를 받을 수 있다고 했다. 해가 떠야 한다. 8시가 되어야 예약 전화를 할 수 있다. 한숨도 자지 못하고 병원 복도를 오가며 전화기를 붙들고 있었다.

역시나 진료 예약은 어려웠다. 가장 가까운 예약일이 3주 뒤였다. 그때까지 아빠의 병을 방치하고 있어야 한다고 생각하니 가슴이 답답했다. 실망한 마음으로 집으로 돌아가는 길에 S병원에서 연락이 왔다. 담당 교수님이 상황이 급해 보이니 조금 일찍 예약을 잡아주시겠다고 말씀하셨다며 5일 뒤에 병원으로 찾아오라는 내용이었다. 그 당시의 나에게 5와 21은 아주 커다란 차이가 나는 숫자였다. 나는 흔들리는 지하철 안에서 몇 번이고 감사 인사를 전했다. 그 순간만은 아빠의 병이 완치되었다는 소식을 듣는 것처럼 기뻤다.

아빠는 당장 수술을 할 수 있는 상태가 아니라서 약 50일간 방사선과 항암치료를 받아야 했다. 요양병원에 입원을 하고 외출증을 끊어 대학병원에 다니며 통원치료를 받았다. 그 사이 나는 여러 공연을 했다. 준비 중이던 〈산책하는 침략자〉 초연도 무사히 마치고, 〈헤라 아프로디테 아르테미스〉 지방 공연도 갔다. 그 사이 〈더 헬멧〉〈헤카베〉 연습도 시작했고, 아빠가 치료를 마칠 즈음해서는 두 개의 공연도 무사히 올릴 수 있었다. 치료 경과가 좋아 암이 많이 줄었다는 이야기를 전해 듣고, 부모님도 기분 좋은 마음으로 부산으로 내려갔다. 진단과 치료까지 수개월, 나는 묵묵히 치료를 받는 아빠를 생각하며 묵묵히 공연을 해왔다. 모든 걸 무사히 마칠 수 있었던 데 감사하며.

　이듬해 봄 즈음 아빠는 자주 응급실로 향했다. 부산에서도 몇 번이고 응급실에 갔고, 상황이 나빠지면 케이티엑스를 타고 서울로 올라와 S병원 응급실로 달려갔다. 여러 증상들이 있었고, 매번 예측할 수 없었다. 투병이 아니라 사고가 난 것처럼 혈압이 떨어지고, 열이 나고, 숨을 쉴 수 없다고 했다. 아빠의 암은 다시 커졌다. 삼킬 수가 없어 배에 구멍을 내어 유동

식을 섭취하는 것으로 식사를 대신했던 아빠는 이제 스스로 숨을 쉴 수 없는 지경이 되었다. 목에 구멍을 내어 호흡해야 했다. 구멍 난 자리를 매일 소독하고, 네뷸라이저로 가래를 녹여야 했다. 목소리도 낼 수 없어 필담으로만 대화를 나눌 수 있었다. 나는 시간이 날 때마다 병실을 찾아가 아빠가 아프다는 부위를 주무르고, 아빠의 글씨를 읽으며 대화를 나눴다.

당시에는 〈줄리엣과 줄리엣〉 공연을 준비하고 있었고, 또 기쁨이가 백상예술대상 젊은연극상에 〈줄리엣과 줄리엣〉으로 노미네이트가 되었다. 나는 병실에 가서 철없는 아이처럼 자랑을 해댔다. 아빠가 잠깐이라도 웃는 것이 보고 싶어서. 내가 쓴 연극이 이렇게 큰 상의 후보가 됐어요. 우리끼리 만든 극단이 이만큼이나 컸어요. 아빠, 나 대단히 유명하지 못 하지만 잘 해내고 있어요. 그러니까, 아빠 괜찮아요. 나는 괜찮아요. 아빠는 흐릿하게 웃으며 우리 연습실은 어디에 있는지, 앞으로 또 어떤 작품을 만들 것인지 물었다. 그리고 기쁨이가 상을 타면 이러저러해서 좋겠다는 이야기를 빼곡하게 써내려갔다. 기쁨이가 상을 받으면 그런 친구와 함께 작업하는 네가 상을 받는 것과 같은 의미가 될 거라고 격려하면서. 그렇게 즐거운 이야기를 쓰다가도 까무룩, 기력이 없어 자리에 누웠다. 아빠는 큰 수술을 기다리고 있었다.

그 수술은 완치를 위한 수술이 아니었다. 종양이 퍼진 성대와 식도를 드러내고 그 자리에 허벅지 근육을 이식해, 식사와 대화를 포기하더라도 생을 연장시키는 수술이었다. 아빠는 무엇이든 가리지 않고 잘 먹는 사람이었고, 정의롭지 못한 일에 언제나 목소리를 높이는 사람이었다. 먹지도 말하지도 못하는 아빠를 받아들일 수 없었지만, 그래도 해야 했다. 조금 더 오래 아빠와 함께 살아가기 위한 마지막 방법이었다. 하지만 수술을 시작한 지 2시간도 되지 않아 의사 선생님은 엄마와 나를 호출하였다.

긴 수술이 좋은 소식이고 짧은 수술이 나쁜 소식이라고 했던가. 선생님은 종양이 너무 많이 퍼져 수술을 하는 것이 의미가 없을 것이라고 말했다. 이제 집으로 돌아가 가족과 시간을 보내는 편이 좋을 것이라고. 하지만 아빠는 어떻게 해서든 방법을 찾으려고 했다. 서울 내 대학병원의 의료 기술이 비슷한 수준이라는 것을 잘 알고 있었지만, 치료방법이 없다는 의사의 말을 한 번에 수긍할 수는 없었다. 우리는 B병원의 진료를 예약했다. 혹시나 하루라도 아빠를 더 살게 할 수 있는 방법은 없는지 찾아야 했다. 엄마, 아빠를 B병원에 보내면서 몇 번이고 그 병원은 가는 길도 내부도 복잡하니 잘 찾아가야 한다고 당부를 했다. 함께 갈 수 없어서 괴로웠지만 어쩔 수 없었다. 그날은 〈줄리엣과 줄리엣〉 세 번째 공연 프로필 촬영을 하는 날이었다.

촬영 내내 미소를 짓는 게 어려워 혼이 났다. 다정한 팀원들이 격려해주었기에 그래도 무사히 촬영을 마칠 수 있었다. 촬영이 끝나자마자 엄마에게 진료를 마쳤다는 연락이 왔다. 방법이 없단다. 방법이 없는 것이었다, 아빠를 치료할. 희망이 없다는 것은 몸에 핏기가 없는 것과 비슷한 기분이었다. 절망보다 괴로운 것은 무망이었다.

이후에도 아빠는 항암치료를 받기 위해 S병원에 입원을 하곤 했다. 상태가 좋지 않아 3박 4일 입원이 한 달이 되고, 두 달이 넘어갔다. 그 사이 〈줄리엣과 줄리엣〉은 한 달간의 공연을 마쳤고, 다시 〈산책하는 침략자〉 공연을 준비하고 있었다. 아르바이트를 하고 잠깐 들러 인사를 하고, 연기학원 수업하러 가기 전에 엄마의 식사를 챙겨 병원에 들렀다. 연습하고 나서 잠깐, 공연하기 전에 잠깐이라도 병실을 들를 수 있어 다행이라고 생각했다. 다행이야. 어떻게든 시간을 만들어 낼 수 있는 프리랜서라서 다행이야. 연극을 해서 다행이야. 공연이 끝나면 조금 더 자주, 오래 있을 수 있으니 다행이야. 입원이 길어지는 것이 마음에 걸렸지만, 엄마의 얼굴도 아빠와 함께 야위어 갔지만, 어떻게든 아빠를 붙들 수 있어서 다행이라고. 매일 내 삶의 다행인 점만 찾아 꼭 붙들었다.

그날은 〈산책하는 침략자〉 마지막 공연 날이었다. 다음 날이 추석 연휴 시작이었기 때문에 마지막 공연을 평일 저녁에 하는 드문 케이스였다. 시간이 넉넉했기에 병원에 들렀다 극장에 갈 생각이었다. 엄마 식사로 챙겨 줄 국을 끓이려 했었나, 부엌에서 준비를 하고 있는데 전화가 왔다. 엄마의 비명 섞인 목소리가 수화기 너머에서 울려 퍼졌다.

병원에 도착하니 병실 복도에 엄마가 기가 질려 앉아 있었다. 엄마에게 다가가자, 의사 선생님이 연명치료를 하지 않겠다는 서명을 받아갔다. 아빠는 생사의 고비에 있었고, 중환자실로 옮겨졌다. 아빠가 있던 병실에 짐을 챙기러 갔더니 쓰레기통 한가득 피가 고여 있었고, 침상 바닥과 벽이 온통 피칠갑 되어 있었다. 혈관에 붙어 있던 종양이 떨어지면서, 호흡을 위해 목에 뚫어놓은 구멍에서 그치지 않는 출혈이 시작된 것이었다. 사람의 몸에서 이렇게 많은 피를 쏟아 냈는데 어떻게 살아날 수 있겠어. 병실을 뒤덮은 아빠의 흔적을 보고 이런 생각이 스쳤다.

기적이었을까. 중환자실에서 아빠는 조금씩 회복을 했다. 다행히 오늘이 아빠의 마지막이 되지는 않을 거라는 소식을 전해 들었다. 이미 기쁨이에게 공연을 못 하게 될지 모른다는 연락을 취한 이후였다. 다행히 오늘 아빠의 상태가 회복된다고 하니 공연을 할 수 있을 것 같아, 라는 말을 전하고 나서 생각했다. 정말 내가 공연을 할 수 있을까. 오전에 아빠의 병실을 본 이후로 눈에서 눈물이 그치지 않는데, 오늘 공연을 온전한 정신으로 할 수 있을까.

극장으로 가서도 눈물은 그치지 않았다. 저녁이 되어도 충격이 가시지 않아 여전히 몸이 떨렸다. 분장을 받는 내내 눈물이 흘러 애를 먹었다. 어떻게든 무대를 끝내야 한다는 생각으로 간신히 눈물을 눌러 삼켰다. 어떻게 연기를 할 수 있지? 지금 어떻게 내 몸과 마음을 쏠 수 있지? 그래도 해야 해. 나는 다른 사람이 되어야 해. 주문을 외웠다. 공연이 시작됐다. 나는 그 공연을 어떻게 했는지 기억이 나지 않는다. 그냥 무대 위에 있는 내가 너무 싫었다. 내 슬픔과 인물의 슬픔 사이 경계를 바로잡지 못하고 휘청이는 내 모습을 보이는 것이 괴로웠다. 그래도 어쨌든 공연을 끝냈다. 박수를 받으며. 나는 다시 끝없이 흐르는 눈물을 매달고 집으로 돌아왔다.

아빠를 볼 수 있었던 것은 이틀 뒤 오후였다. 당일은 엄마가, 다음 날은 동생과 엄마가 번갈아 면회를 하고, 이틀이 지난 뒤 내 차례가 돌아왔다. 추석 당일임에도 중환자실에 있는 가족들을 보러 온 보호자들이 면회시간을 기다렸다. 순번을 기다려 중환자실에 들어갔다. 제일 안쪽이 아빠의 자리였다. 나와 눈이 마주친 아빠가 믿을 수 없이 환하게 웃고 있었다. 온 치아를 다 드러내면서. 그러면서 다급히 종이 위에 무언가를 적어나갔다.

'저 간호사가 딸을 어떻게 알지?' 아빠는 정신없이

움직이는 한 간호사를 가리켰다. '저 간호사가 딸래미 팬이라는데?' 아빠가 신이 나서 활짝 웃고 있었다. 간호사는 나에게는 전혀 관심이 없어 보였다. 설령 간호사가 내 공연을 본 관객이었다 하더라도, 내가 아빠의 딸인지 알 리가 없지 않은가. 나는 의아했지만 아빠에게 웃어 보였다. "그래요? 아, 내 공연을 봤나 보다." 그랬더니 아빠는 신이 나서 무언가를 더 쓰기 시작했다. '아까부터 자꾸 딸래미 팬이라고 그러더라고.' 눈가의 주름이 가득지게 웃고 있었다.

후에 그것이 섬망 증상이었다는 것을 알게 되었을 때 내 모든 의문은 풀렸다. 중환자실의 간호사는 나를 알지 못했고, 아빠에게 내 팬이라는 말도 한 적이 없었다. 아빠의 말은 심각한 출혈을 한 후 회복 과정에서 겪은 섬망 증상에서 비롯된 것이었다. 그러니까 그것은 판타지였다. 누군가 아빠에게 달려와 자신이 딸의 팬이라고 고백하는 판타지. 아빠는 중환자실에서 꼼짝없이 누워 있었으니까, 중환자실의 간호사가 아빠에게 달려와 딸을 잘 안다고, 딸의 팬이라고 말하는 환상을 본 것이다. 아빠가 왜 그런 환각을 경험했는지 나는 잘 알고 있다. 아마도 그것은 내게는 차마 말하지 못한 아빠의 오랜 소원이었을 것이다.

　아빠는 이후 잘 회복하여 일반 병실로 돌아왔고, 꼭 한 달 후 그날과 같은 증상으로 세상을 떠나셨다.

　아빠가 돌아가시고도 약속된 공연을 해야 했다. 그러나 무대는 예전에 내가 기억하는 것과 달랐다. 나는 무대가 두려워졌다. 이미 아빠는 돌아가셨고, 연기를 하는 동안 아빠가 다시 돌아가실 리도 없는데 무서웠다. 그 두려움의 정체가 무엇일까. 무대 위에서 내가 나를 통제할 수 없을 거라는, 가장 나약하고 보호받아야 하는 나의 일부가 그대로 드러나버리고 말 것이라는 두려움이었을까? 아니면 가족을 영원히 잃을 위기에서도 다른 인물인양 연기를 행했던 내가 가증스러웠을까? 모르겠다. 나는 대본을 포함한 글자를 읽는 것이 어려워졌고, 무대 위에 서는 것이 고통스러워졌다. 사랑하는 나의 일이 미워졌다. 내게 가장 큰 위로를 주던 나의 일이 나를 배반하였다.

　나는 아빠의 죽음으로 무거워진 집안 공기를 바꾸려 본가에 내려가 청소를 하고, 동생과 엄마에게 새 옷을 사 입혔다. 그리고 아빠가 아픈 동안 머물렀던 집을 떠나 이사를 했다. 아무리 새로운 것으로 덧칠해도 활력을 찾을 수가 없었다. 오랜 무기력이 시작되었다. 즐겁지 않지만 일을 해야 했기에 읽을 수 없어도 글을 썼고, 감정이 무뎌진 몸으로 연기를 했다. 즐겁지 않으면 잘하기라도 해야 했기 때문에 모질게 스스로를 다그쳤다. 더 나은 연기를 해내라고, 더 좋은 글을 써내라고. 너는 이제 이 일로 즐거움을 얻을 수 없으니 먹고라도 살아야 한다고. 아빠가 살아 있던 시대가 끝이 났고, 내 일을 사랑할 수 있는 시간도 끝이 난 것 같았다.

아주 오랜만에 연기하는 것이 설레었던 것은 〈줄리엣과 줄리엣〉 사연 때이다. 첫 공연을 앞두고 몸을 풀고 있는데 마음속 깊이 이런 문장이 떠올랐다. 재밌겠다. 너무나 오랜만에 연기하는 것이 기대가 되었다. 그리고 놀랍게도 그 공연은 정말 재밌었다. 무대 위에서 온전히 그 인물로 존재할 수 있었다. 이전보다 더 좋은 연기인지 아닌지는 구별할 수 없었지만 그 충만한 즐거움은 너무나 오랜만이었다. 그 감각이 얼마나 귀중한 것인지 잃어버렸던 시간이 길었기 때문에 더 잘 알 수 있었다. 나는 그 감각이 완전히 회복된 것인지 확인하기 위해, 매일 공연 시작 전에 눈을 감았다.

기대가 돼? 응. 기대가 돼. 재밌을 것 같아? 응. 재밌을 것 같아. 너 아직도 연기하는 게 좋아? 응. 나, 너무너무 좋아해.

사라진 줄 알았던 감각을 회복하기 위해서 많은 일들이 있었다. 나는 심리 상담을 받았고, 아빠 이야기를 꺼려하는 엄마에게 그리울 땐 우리끼리 꼭 아빠가 그립다는 이야기를 나누자고 약속을 받았다. 일하느라 가족에게 소홀했던 나는 최대한 가족과 보내는 시간을 늘렸고, 그 속에서 오랜 시간 어긋나 있던 엄마와의 관계를 길고 긴 대화로 회복해 나갔다. 읽을 수 없을 때는 읽지 않았고, 눈물샘이 고장 난 나를 내버려뒀다. 아빠가 그리울 땐 그립다고 통곡을 했고, 왜 먼저 갔느냐고 원망도 했다. 돌아가신 아빠에게 더 자주 사랑한다 말했고, 남은 가족들에게는 그보다 더 자주 말했다.

핏기가 하나 없이 절망적인 상황에서 다시 매일을 쌓았다. 이대로 비극으로 끝낼 수가 없어서, 어떻게든 희망을 쌓으려고 발버둥을 쳤다. 그랬더니 거짓말 같게도 피를 쏟은 커다란 구멍 위에 새살이 돋기 시작했다. 아빠가 없는 세상에서도 다시 일을 사랑하고, 삶을, 살아갈 수 있게 되었다. 진짜로 행복해서 웃기도 하고, 새로운 희망도 기대도 슬며시 자라났다.

아빠가 돌아가시고 얻은 것들이 많다. 삶이 유한하다는 것을 겪었기 때문에 이전보다 더 용기 내서 사랑할 수 있게 되었다. 하지만 아빠의 죽음으로 얻은 것을 끝내 얻지 못했더라도, 또 다른 형태의 불행이 재앙처럼 덮쳤더라도, 아빠가 살아있는 쪽을 택할 것이다. 살아있기에 이해하지 못하는 아빠의 조각들을 영원히 미워할지라도.

삶이 있으니 죽음이 있다는 것을 거부할 수가 없다. 그래도 그것이 이야기의 끝이 되지 않기 위해서, 사랑하는 이의 죽음 이후에도 끝내 이어지고야 마는 삶을 살아내기 위해서, 아빠가 치열하게 살아냈던 인생의 마지막을 함부로 비극으로 단정 짓지 않기 위해서, 이 상실을 새드엔딩이라 여기지 않기로 했다. 가끔 슬픔에 고꾸라져도 계속 떠올리고 들여다볼 것이다. 아빠의 죽음 이후에도 아빠와 함께 살아가고 있으니까. 이것이 우리의 끝이 아니니까.

"너는 나를 혼자 두지 않아. 그렇지?"

사랑하게 될 운명

〈로미오와 줄리엣〉은 운명적인 사랑의 전형으로 칭송받는 동시에 젊은 남녀의 한심한 사랑 이야기 취급을 받기도 한다. 첫눈에 반한 10대의 남녀가(줄리엣은 열네 번째 생일을 앞둔 만 13세이다) 만난 지 하루만에 결혼을 하고, 사랑을 지키겠다는 명목으로 죽음을 맞이하는 데까지 5일이 채 걸리지 않는다며 미성숙한 청소년들의 충동적인 사랑이라 치부하는 분석도 있다.

나 역시 비슷한 생각을 하고 있었다. 특히 친구 머큐쇼를 죽인 티볼트를 살해하는 로미오를 보며 "줄리엣, 도망쳐. 너 저렇게 감정 컨트롤 못 하는 남자랑 사귀어서 좋을 것 하나 없다. 언니 말 들어." 하게 된다. 그런데 어쩌겠는가. 줄리엣이 한눈에 반한 사람은 그런 이였던 것이다. 순간의 감정에 몰두해 행동하는 로미오이기 때문에 캐플렛가의 담벼락을 넘어 줄리엣의 창가로 돌진했겠지. 그리고 그런 그를 사랑하게 된 사람이 바로 줄리엣이다.

그런 말들도 한다. 두 집안이 원수 가문이 아니었다면 로미오와 줄리엣은 얼마 못 가 헤어지고 말았을 거라고. 어차피 내버려두면 자기들끼리 지지고 볶다가 결국 둘 중 하나가 (아마도 로미오 쪽이 유력하게) 바람을 피웠을지도 모른다고 말이다. 그러니 영원하지도 않을 사랑 따위에 목숨을 바친 두 사람은 어리석다고도 말한다.

두 사람이 급속도로 사랑에 빠진 이유가 바로 그 금기 때문일지도 모른다. 방금 내 가슴을 떨리게 만든 상대가 원수 집안의 자식이라는 것을 알게 된 순간 심장은 더 빠른 속도로 뛰지 않았을까. 늦은 밤중에 끓여 먹는 라면이 얼마나 맛있는 줄 아는 사람이라면 공감할 것이다. 그 라면 속의 별첨 스프가 바로 '금기'라는 것을.

사랑에 충동적인 것은 그들의 기질에 기반하고 원수 가문이라는 환경 역시 그 불붙은 기질에 쏟아부어진 기름 같은 것이니 두 사람의 사랑은 말 그대로 운명이다. 성격이 곧 운명이라는 말처럼. 그래서 나는 두 사람의 사랑이 '운명적'이라는 것에 이의가 없다.

요즘 연애 상담 프로그램을 보면 자신에게 해로운 사람과는 단호하게 헤어지라는 조언을 자주 접한다. 그럼 밥을 먹으면서 텔레비전을 바라보고 있다가 열심히 고개를 끄덕인다. 때로는 사연 소개가 끝나기도 전에 육성으로 "헤어져!" 하고 외칠 때도 있다. 폭력을 휘두르는 상대나 가스라이팅을 하며 나를 갉아먹는 존재와 만남을 지속하는 것은 옳지 않다. 연애인지 범죄인지 분간할 수 없는 사연들을 듣고 있자면 생판 모르는 사람을 찾아가 제발 그 사람을 더 이상 사랑하지 말라고 간곡히 부탁하고 싶다.

그렇지만 그 외에 다른 경우들. 나만큼 나를 사랑하지 않는 것 같은 연인, 애정표현의 방법이 달라 늘 외로움을 느끼게 만드는 연인, 취향과 세계관이 달라 늘 다투는 연인 등등 딱 잘라 절대 안 된다고 말하기는 애매한 케이스들이 존재한다. 제 3자의 입에서는 쉽게 헤어지라는 소리가 튀어나오지만 어디 그게 쉽나. 상대가 내게 줄 수 있는 것이 상처뿐이라 해도 마음이 가는 것을 막는 것은 쉽지 않다. 눈을 가려도 길을 잘도 찾아가는 사랑은 때때로 내게 해로운 상대 앞에 멈춰서고 만다. 운명처럼.

나는 어떤 연애 사건을 겪고 나서 오래도록 속앓이를 한 적이 있다. 꽤 긴 시간 전심으로 좋아했던 상대가 나를 함부로 대하게 내버려둔 종류의 일이었다(이것은 그의 입장을 고려하지 않은 순도 100퍼센트 내 입장에서의 해석이다). 분명히 그만두어야 하는 것을 알았지만 좋아하는 일을 그칠 수 없었다. 더 이상 상대를 만날 수 없게 되고, 좋아하는 마음도 반드시 종료되어야 할 상황이 온 뒤로는 생활이 마비가 되어버렸다.

거의 매일 혼자서 술을 마시고, 무기력으로 해야 할 일을 못 하고, 수시로 눈물을 흘리고, 지나간 시간들을 곱씹으며 자책했다. 처음에는 내 마음을 괴롭게 만드는 상대에게 화가 나다가 나중에는 내게 유해한 사랑을 끊어내지 못하는 내가 미워졌다. 그럼에도 여전히 그 사람에게 메여 있는 내가 수치스러웠다.

다시 상처받는 것이 끔찍하게 싫었기 때문에 다시 누군가를 사랑한다는 것이 두려웠다. 무엇보다 내가 하는 선택에 대한 자신이 없었다. 그 이후로 나는 조금이라도 호감이 생기는 사람이 나타나면 주춤주춤 물러섰다. 아닌 척하는 것은 꽤나 쉬웠다. 아닌 척을 여러 번 하다 보면 실제로 아닌 게 되는 순간도 찾아왔다.

그러다 점점 누구에게도 호감을 느끼지 않게 되었고, 나는 안도했다. 다시는 누구도 사랑하지 않을 자신이 생겼다. 아마 이제 두 번 다시는 상처받을 일이 없을 거야. 안심해. 다시는 잘못된 사랑을 했다는 이유로 너를 다그칠 일은 없을 거야. 괜찮아. 사랑 같은 거 없어도 잘 살 수 있어. 이제 너는 안전해.

연애를 하지 않는 시간은 점점 길어졌다. 사람들은 왜 내게 연애를 하지 않는지 물었다. 나는 웃으며 대답했다. 사람이 없어서요. 거짓말은 아니었다. 진짜로 호감을 느끼는 사람을 찾을 수 없었다. 그것이 마음에 방어벽을 단단히 세워둔 훈련의 결과였다는 말은 덧붙이지 않았지만. 거기다 워낙에 새로운 사람을 만나는 것을 꺼려하는 성격이기도 했고, 30대에 들어서면서 그동안 널뛰던 호르몬들도 자기 리듬을 찾았는지 쉽게 요동치지 않았다.

아무도 나를 흔들어대지 않았다. 그 시간은 평화로

웠고 만족스러웠다.

연애를 하지 않는 상태에 꽤나 만족을 하고 있어도 사람들은 내가 왜 연애를 하지 않는 것인지 궁금해했다. 도대체 어떤 상대를 만나고 싶냐는 질문도 이어졌다. 답변으로 이런저런 조건들을 늘어놓았다.

연애를 하지 않았던 기간만큼 리스트는 길어졌다. 외모와 체형이 완벽히 내 취향이면서 지성과 인성 모두 빼어나며 나를 너무너무 아끼고 사랑해주는, 내가 잘 모르는 이공계 분야에도 능통하면서 내가 좋아하는 분야에 대한 이해도 깊으며, 대화가 잘 통하면서도 지나치게 수다스럽지 않고, 사람들과의 관계가 좋지만 사교활동은 적은, 이해심이 넓으면서도 확고한 철칙을 가진, 줏대 있으면서도 융통성이 있는 사람. 사실은 더 긴 목록을 가지고 있지만 양심상 이만 줄인다. 아무튼 화려하면서도 심플한, 뜨거운 아이스 아메리카노 같은 사람을 찾고 있었다.

체크리스트에 항목을 늘리듯 조건들을 늘어놓다 멈췄다. 내가 다시 누군가를 사랑하려면 좋은 사람 선발대회나 코드 잘 맞는 사람 콘테스트를 거쳐야 할 것 같았다. 이런 식으로 끼워 맞추는 것은 하나도 사랑의 조건이 될 수 없었다.

지나간 연인을 돌이켜보면 항목에 부합하여 만족한 점수를 받아 통과한 사람은 한 명도 없었다. 오히려 그 사람을 좋아하게 되면서 항목이 변경되는 경우가 대부분이었다.

사랑에 빠지는 이유는 다양했다. 조는 모습이 귀여워서, 웃는 모습이 예뻐서 같은 보편적인 경우도 있었고 돌아가신 할아버지 냄새가 나서 호감을 가지기도 했다. 섬유유연제향과 그 사람 고유의 체취가 섞인 달큰함에 이끌려 사랑에 빠져도 모자랄 판에 어딘지 정감 있고 조금 쿰쿰한 향기에 마음을 내놓았다. 어처구니없게도.

그래서 왜 그 사람을 좋아하느냐고 물어오면 적당한 이유가 없었다. 그 사람과 보내는 시간이 좋아서, 그냥 그 사람이라서가 내놓을 수 있는 유일한 답안이었다.

영원 비슷한 시간까지 사랑할 수 있을 것 같았던 옛 연인을 떠올리면, 그 사람이 완벽한 사람이어서 사랑한 것은 아니었다. 오히려 나와 같이 울퉁불퉁한 면을 가지고 있어 때로는 많이 부딪히기도 했고, 마지막까지 절대로 이해할 수 없는 그의 단편들을 파헤쳐보느라 끙끙대기도 했다. 하지만 어린 시절부터 잠드는 데까지 오랜 시간을 소요했던 내가, 누군가 곁에 누워 있으면 절대 잠들 수가 없던 내가, 그 사람 곁이라면 언제 잠들었는지도 모르게 까무룩 쉽게 잠들었었다.

존경하는 가수 아이유는 상대방이 아주 좋은 잠을 자길 바라는 마음이 사랑이라고 생각하고 〈밤편지〉의 가사를 썼다고 하는데, 나는 그 사람 곁에서 어느 때보다 편안히 잠들 수 있는 것이 사랑 같다. 옛 연인은 내가 잘 잘 수 있게 만들어주는 사람이었다. 그러나 쉽게 잠들 수 있던 시절은 결국 끝이 났다. 시간이 끝날 때까지 함께하고 싶었지만 그보다 앞서 내 마음이 끝나버렸기 때문에.

하지만 영원하지 않았다고 해서 한 시절을 버티게 하고, 나를 찾게 해준 사랑이 의미가 없을까. 그럴 리 없다. 심지어 나를 오랫동안 가둬놓은 유해한 사랑조차 찬찬히 내 안을 들여다보는 시간을 갖게 해주었고, 덕분에 몰랐던 나의 부분들을 새롭게 발견했다. 그래서 지금은 그 시간 역시 모두 내게 필요했다 생각한다. 심지어 그때 받은 상처를 동력으로 희곡도 쓰고 소설도 썼으니 (그리고 지금 이 에세이도 쓰고 있고) 어쩌면 내게 유익한 사랑이었을지 모른다는 착각도 든다.

이제 다시 사랑을 하고 싶다는 생각이 슬며시 차오르는 이유는 완벽한 누군가를 만나고 싶다는 환상 때문이 아니다. 무료한 삶에 짜릿한 감정을 느끼고 싶어서는 더더욱 아니다. 상처받지 않기 위해 나만 들여다보는 삶이 너무나 납작하다 느껴서였다.

아무도 사랑하지 않으려 각오한 나는 아무것도 궁금할 것이 없었다. 상대의 사소한 버릇을 알아 챌 때의 기쁨도 어린 시절 이야기를 들으며 내 손안에 없는 퍼즐 조각을 찾아내는 즐거움도 느껴본 지 오래였다. 또 조건 없이 누군가에게 내 마음을 쏟아붓는 일이 그리웠다. 마음을 들여 상대의 하루를 염려하는 일이, 그 사람의 행복을 기원하는 일이, 함께 일상을 꾸려가며 작은 즐거움을 발견하는 일들이 그리웠다. 심지어 완전히 다른 서로가 함께하기 위해서 끊임없이 조율하고 싸워야 하는 번거로움도 그리워졌다. 삶을 윤택하게도 거칠게도 만드는 사랑이 하는 모든 일들이 필요했다.

누구도 사랑하지 않으려 애쓰는 것은 비단 연인을 만들고 싶지 않다는 마음에서 끝나지 않았다. 사랑의 마음이 통째로 조금씩 수축돼서 다양한 관계에서 거리를 두게 만들었다. 어느새 나는 실제로 만나는 사람들뿐 아니라 영화 속 인물을 좋아하는 것에도 마음을 아끼고, 이야기의 주인공에게 가까이는 가는 것도 꺼려하고 있었다. 통제할 수 없이 빠져드는 마음이 두려워서 아무것도 실컷 사랑할 수가 없었다. 삶이 퍼석하게 말라가는 기분이 들었다.

충분히 사랑받는 기분을 느낄 수 없다는 것보다도 양껏 사랑을 줄 수 없다는 것이 훨씬 아쉬웠다. 그래서 무엇에라도 다시 사랑을 쏟고 싶어졌다. 꼭 연인이 아니더라도 가족이나 친구에게, 동료에게, 나도 모르게 조금씩 자라나는 우리 집 식물들에게, 모르는 집의 반려동물들에게, 매력이 넘치는 수많은 가상의 인물들에게라도. 오래 수축된 마음의 근육은 아마도 충분한 스트레칭이 필요하겠지만 다시 무엇이든 낭비하듯 사랑해보기로 결심했다.

여전히 나는 누군가를 사랑하게 될까 봐 조금 두렵다. 조금은 퍼석한 채로 혼자 살아가는 것도 충분히 안온하다 느낀다. 그렇지만 다시 기회가 된다면 누군가를 무조건적으로 사랑하고 싶다. 내 성격이 만들어낼 나의 운명이 어떤 길을 열어줄지 고대하면서. 어떤 식으로든, 그 대상이 무엇이든 반드시 사랑하게 될 운명 쪽을 향해 걷고 싶다.

"누구세요?"

"당신과 이름이 같은 사람."

"줄리엣? 여기 어떻게 오셨어요? 담이 높아서 들어오기 힘들었을 텐데."

"정원의 담이야 사랑의 날개를 달고 뛰어넘었죠."

"누가 당신에게 길을 알려줬어요?"

"사랑이요. 당신을 찾으라고 말하는 눈먼 사랑에게
제 눈을 줘버렸거든요."

"몬테규가 사람은 처음 뵙네요.
원래 알던 사인가?"

"어제, 무도회에서 처음 만났습니다."

"기적처럼."

"처음 만났는데도 아주 오랜 시간,
연을 함께한 것처럼 마음이 잘 통해서…"

"여자가 여자를 사랑한다니 들어본 적이 없어."

"(애타는) 여기, 지금, 여기 있잖아요, 여기."

"이 마음의 소리를 내가 믿어도 될까?
(고개를 흔들며) 마음이 하는 소리를 못 믿겠으면
몸이 하는 말을 들어야지.
이렇게 가슴이 두근거리고
머릿속은 온통 그 사람 생각뿐인데."

"(살피며) 마음이 다친 거죠? 미안해요."

"아니에요, 나 괜찮아요."

"미안해요, 그렇게 섣부르게
사랑을 고백해서는 안 되는 거였는데.
하지만 그러지 않을 수 없었어요.
당신을 만나기 전엔 몰랐어요.
사랑을 하게 되면 온몸으로 말을 하게 된다는 걸,
마음이 하는 말을 막을 수 없다는 걸요.
미안해요, 미안해요. 줄리엣."

"넌 우리 집에 뭐가 있었으면 좋겠어?"

"네가 나의 집이야.
내 울타리, 나의 정원, 아주 따뜻한 나의 침대."

"당신에겐 상상도 할 수 없는
더러운 일일지 모르겠지만
나에게는 가장 고결한 일이에요.
줄리엣과 나는 사랑을 하고 있고
영원을 맹세했어요."

"내 영혼을 알아봐주는 것은
세상에 오직 한 사람뿐이구나.
언니 같은 네릿서도,
듬직한 오빠도,
다정한 엄마도,
아무도 나를 몰라.
하지만,
내가 나인 것을 저버릴 순 없어."

"네 입술에 키스 할래,
그럼 너를 따라갈 수 있겠지.
아직 따뜻하다.
너무 따뜻해, 줄리엣."

"내가 듣기론 그 집안의 두 딸이 사랑을 했대요."

"무슨 그런 말도 안 되는 소릴."

"아유, 안타깝네요.
젊은 청춘남녀가 집안 때문에 죽게 되다니."

"안타깝죠, 안타까워요."

"지워지지 않아."

"아, 당신과 이렇게 함께 있다니.
이게 꿈은 아니겠죠?"

"꿈이 아니에요, 줄리엣."

춤이 끝나지 않는다.

줄리엣과 줄리엣

초판 발행 · 2022년 11월 23일

지은이 · 한송희
발행인 · 이종원
발행처 · (주)도서출판 길벗
브랜드 · 더퀘스트
출판사 등록일 · 1990년 12월 24일
주소 · 서울시 마포구 월드컵로 10길 56(서교동)
대표전화 · 02)332-0931 | **팩스** · 02)323-0586
홈페이지 · www.gilbut.co.kr | **이메일** · gilbut@gilbut.co.kr
대량구매 및 납품 문의 · 02)330-9708

기획 및 책임편집 · 송혜선(sand43@gilbut.co.kr) | **제작** · 이준호, 손일순, 이진혁 | **마케팅** · 한준희, 김선영, 류효정, 이지현 | **영업관리** · 김명자, 심선숙 | **독자지원** · 윤정아, 최희창

도움 · 창작집단 LAS
사진 · 골든에이지컴퍼니, 박일호, 양동민, 뉴스컬처

디자인 · 이정헌
CTP 출력 및 인쇄 · 금강인쇄 | **제본** · 금강제본

· 더퀘스트는 (주)도서출판 길벗의 인문교양·비즈니스 단행본 브랜드입니다.
· 잘못 만든 책은 구입한 서점에서 바꿔 드립니다.
· 이 책에 실린 모든 내용, 디자인, 이미지, 편집 구성의 저작권은 (주)도서출판 길벗(더퀘스트)과 지은이에게 있습니다. 허락 없이 복제하거나 다른 매체에 실을 수 없습니다.

ISBN 979-11-407-0210-7 (03810) (길벗 도서번호 040217)
정가 33,000원